Coleção Biblioteca Pólen
Dirigida por Rubens Rodrigues Torres Filho e Márcio Suzuki

Copyright © 2021 desta edição e tradução
Editora Iluminuras Ltda.

Capa
Eder Cardoso / Iluminuras
sobre projeto gráfico de Fê (*Estúdio A Garatuja Amarela*)

Imagem de capa
Composição espacial, Katarzyna Kobro, 1929
Aço soldado e pintado [40 x 40 x 64 cm]. Lódz, Museum Sztuki

Revisão
Bruno Silva D'Abruzzo
Monika Vibeskaia

CIP-BRASIL. CATALOGAÇÃO NA PUBLICAÇÃO
SINDICATO NACIONAL DOS EDITORES DE LIVROS, RJ

S345s

Schelling, Friedrich Wilhelm Joseph von, 1775-1854
    Sobre a forma da filosofia e sobre o eu / Friedrich Schelling ; tradução e comentário Caio Heleno da Costa Pereira ; revisão técnica Márcio Suzuki. - 1. ed. - São Paulo : Iluminuras, 2021.
    160 p. ; 21 cm.

    Tradução de: Über die möglichkeit einer form der philosophie überhaupt, vom ich als prinzip der philosophie oder über das unbedingte im menschlichen wissen
    ISBN 978-65-5519-123-3

    1. Filosofia alemã. I. Pereira, Caio Heleno da Costa. II. Suzuki, Márcio. II. Título.

-74369   CDD: 193
         CDU: 1(430)

Gleice Rodrigues de Souza - Bibliotecária - CRB-7/6439

21
EDITORA ILUMINURAS LTDA.
Inácio Pereira da Rocha, 389 - 05432-011 - São Paulo - SP - Brasil
/ Fax: 55 11 3031-6161
iluminuras@iluminuras.com.br
www.iluminuras.com.br

Sobre a forma da filosofia e sobre o eu

BIBLIOTECA PÓLEN

Para quem não quer confundir rigor com rigidez, é fértil considerar que a filosofia não é somente uma exclusividade desse competente e titulado técnico chamado filósofo. Nem sempre ela se apresentou em público revestida de trajes acadêmicos, cultivada em viveiros protetores contra o perigo da reflexão: a própria crítica da razão, de Kant, com todo o seu aparato tecnológico, visava, declaradamente, libertar os objetos da metafísica do "monopólio das Escolas".

O filosofar, desde a Antiguidade, tem acontecido na forma de fragmentos, poemas, diálogos, cartas, ensaios, confissões, meditações, paródias, peripatéticos passeios, acompanhados de infindável comentário, sempre recomeçado, e até os modelos mais clássicos de sistema (Espinosa com sua ética, Hegel com sua lógica, Fichte com sua doutrina-da-ciência) são atingidos nesse próprio estatuto sistemático pelo paradoxo constitutivo que os faz viver. Essa vitalidade da filosofia, em suas múltiplas formas, é denominador comum dos livros desta coleção, que não se pretende disciplinarmente filosófica, mas, justamente, portadora desses grãos de antidogmatismo que impedem o pensamento de enclausurar-se: um convite à liberdade e à alegria da reflexão.

Rubens Rodrigues Torres Filho

Friedrich Schelling

SOBRE A FORMA DA FILOSOFIA E SOBRE O EU

Tradução e comentário
Caio Heleno da Costa Pereira

Revisão técnica
Márcio Suzuki

ILUMI//URAS

SUMÁRIO

Nota sobre as traduções, 7

SOBRE A POSSIBILIDADE
DE UMA FORMA DA FILOSOFIA
EM GERAL (1794), 9

SOBRE O EU COMO PRINCÍPIO DA FILOSOFIA
OU SOBRE O INCONDICIONADO NO
SABER HUMANO (1795), 39

A FORMA E O PRINCÍPIO DA FILOSOFIA, 131
Caio Heleno da Costa Pereira, 131

Bibliografia, 157

NOTA SOBRE AS TRADUÇÕES

As traduções a seguir representam uma tentativa de contribuir para a bibliografia em português de filosofia alemã. Os textos escolhidos têm relação estreita em si e são complementares. Para a tradução do primeiro texto, *Sobre a possibilidade de uma forma da filosofia em geral*, foi utilizada a edição crítica publicada pela Academia das Ciências da Baviera, cujo primeiro volume foi publicado em Stuttgart em 1976 e foi organizado por Wilhelm G. Jacobs, Jörg Jantzen e Walter Schieche. A numeração das páginas dos trechos citados se referem a esta edição. Para o segundo texto, foi utilizada a edição das Obras Completas publicadas por K. F. A. Schelling.

Para a realização da tradução, procurou-se sustentação nas traduções de Schelling já publicadas em português, especialmente as realizadas por Rubens Rodrigues Torres Filho e Márcio Suzuki. Ainda que não tenha sido possível fazer um levantamento exaustivo de vocabulário, tentou-se sempre que possível utilizar os termos consolidados por estes dois grandes tradutores. As incoerências e defeitos de tradução do presente trabalho, no entanto, devem ser todos atribuídos ao tradutor.

SOBRE A POSSIBILIDADE
DE UMA FORMA DA FILOSOFIA
EM GERAL (1794)

Os pensamentos expostos no presente escrito, depois de o autor já os ter trazido consigo por algum tempo, foram nele reavivados pelos mais recentes fenômenos do mundo filosófico. Ele já havia sido conduzido a tais pensamentos pelo próprio estudo da *Crítica da Razão Pura*,¹ na qual, desde o início, nada lhe pareceu mais difícil e obscuro do que a tentativa de fundamentar uma forma de toda a filosofia sem que em lugar algum fosse estabelecido um princípio por meio do qual não se fundamentasse apenas a forma originária² que está no fundamento de todas as formas particulares, mas também a conexão³ necessária entre ela e todas as formas particulares que dela dependem. Esta falta se tornou para ele ainda mais notável devido aos ataques constantes feitos pelos adversários da filosofia kantiana, dirigidos com mais frequência exatamente a este lado, e em especial aos de *Enesidemo*,⁴ que, talvez mais profundamente do que a maior parte dos outros,

---

¹ KANT, Immanuel. *Critik der reinen Vernunft* [Crítica da razão pura], 2. ed. melhorada. Riga, 1787. Como em passagem posterior (AA I, 1. p. 291) esta obra é citada com divisão em parágrafos, ele não pode ter utilizado a primeira edição, que não tinha esta divisão. (N.E.)
² *Urform*, que permite outras traduções, como, por exemplo, protoforma. A palavra alemã é composta pelo suxifo *Ur-* e o substantivo *Form*. Este sufixo designa que o conceito a ele ligado antecede ou está na origem do conceito correspondente. Mas a origem não tem aqui um sentido meramente histórico, mas sim transcendental. A forma originária é a forma que, por anteceder no sistema todas as demais, as fundamenta e as condiciona. (N.T.)
³ *Zusammenhang*, palavra que permite diversas traduções, entre elas interdependência, concatenamento e conjunto. É central à noção de sistema porque por meio dela as proposições particulares fazem a unidade sistemática. (N.T.)
⁴ *Aenesidemus*. Schelling está se referindo ao personagem cético do diálogo filosófico escrito por Gottlob Schulze em "Aenesidemus oder über die Fundamente der von dem Herrn Prof. Reinhold in Jena gelieferten Elementar-Philosophie. Nebst einer Vertheidigung des Skepticismus gegen die Anmassungen der Vernunftkritik" [Enesidemo ou sobre os fundamentos da filosofia elementar provida pelo Sr. Prof. Reinhold. Ao lado de uma defesa do ceticismo contra as pretensões da crítica da razão], 1792. (N.T.)

compreendeu a falta de um princípio fundante e de uma conexão segura das deduções kantianas naquilo em que elas se referem à forma da filosofia em geral. O autor passou logo a acreditar que as objeções deste cético, direta ou indiretamente relacionadas àquela ausência, são elas as mais importantes e, até agora, as menos respondíveis: ele foi convencido de que, da maneira como *Reinhold*[5] até agora a apresentou, também a *teoria da faculdade de representação*[6] ainda não se assegurou contra elas, de que, ao fim, porém, ela deve necessariamente conduzir a uma filosofia que, fundada em fundamentos mais profundos, não será mais atingida pelas objeções do novo cético. É que, a princípio, a filosofia elementar de Reinhold deveria responder apenas *uma* das perguntas que devem anteceder toda ciência e cuja separação uma da outra prejudicou extraordinariamente a filosofia até aqui, ou seja, a pergunta sobre como o *conteúdo* de uma filosofia seria possível, enquanto a pergunta sobre a possibilidade da *forma* de uma filosofia só foi respondida por ela mesma, tomada como um todo, da maneira como já foi respondida na *Crítica da razão pura*, isto é, sem que a investigação fosse reduzida a um princípio último *de toda* forma. — Mas se todo o problema da possibilidade de uma filosofia científica não foi solucionado, é natural que também a parte dela de cuja solução se ocupa a teoria da faculdade de representação não possa ser solucionada de maneira a satisfazer todas as exigências em vista dela.

O autor deste escrito foi ainda mais fortalecido neste juízo sobre o que a teoria da faculdade de representação teria deixado para a elaboração futura da filosofia elementar pelo escrito mais recente do Senhor Professor Fichte,[7] que o surpreendeu tanto mais agradavelmente, quanto mais fácil se tornou para ele — se não

---

[5] Reinhold, K. "Versuch einer neuen Theorie des menschlichen Vorstellungsvermögens" [Tentativa de uma nova teoria da faculdade humana de representação], Praga e Jena, 1789. (N.E.)

[6] *Theorie des Vorstellungsvermögens.*

[7] "Über den Begriff der Wissenschaftslehre, oder der sogennanten Philosophie" [Sobre o conceito da doutrina da ciência, ou da assim chamada filosofia], 1794. (N.A.)

totalmente, pelo menos mais do que talvez lhe fosse possível sem eles — penetrar com esses pensamentos preconcebidos na profunda marcha desta investigação e perseguir o seu fim , de finalmente oferecer uma solução a *todo* o problema sobre *a possibilidade de uma filosofia em geral*, como objeto com que estava anteriormente em alguma medida familiarizado. Foi este escrito que primeiramente o determinou a um desenvolvimento mais completo de seus pensamentos sobre o problema, e seu esforço foi ricamente recompensado *por* aquele se tornar mais compreensível para ele na medida que havia anteriormente desenvolvido estes mais determinadamente. Exatamente esta vantagem lhe foi propiciada pela excelente *Resenha de Enesidemo*, publicada no *Allgemeine Literaturzeitung*, cujo autor é impossível desconhecer.

— O escrito mais recente de Salomon Maimon,[8] obra que merece um exame mais exaustivo do que aquele que o autor até agora lhe pôde conceder, logo lhe ensinou que a necessidade de uma solução *completa* de *todo* o problema que até aqui esteve no caminho de todas as tentativas de uma filosofia universalmente válida passou a ser percebida mais universalmente do que antes parecia ser o caso. Ele então acreditou encontrar, por meio do mero desenvolvimento do *conceito* daquela tarefa, o único caminho possível para sua solução; e o pensamento de que uma caracterização universal dele pudesse servir, aqui e ali, à preparação para a execução de toda a ideia, determinou-o a apresentar sua tentativa ao público.

Queiram aqueles a quem a própria filosofia parece ter convocado a este empreendimento, tornar inútil qualquer preparação para ela por meio da execução dele!

* * *

A filosofia é uma *ciência*, isto é, ela tem um conteúdo determinado sob uma forma determinada. Todos os filósofos estiveram

---

[8] "Neue Theorie des Denkens. Nebst Briefen von Philalethes an Aenesidemus" [Nova teoria do pensar. Ao lado de cartas de Filaletes para Enesidemo], 1794. (N.A.)

de acordo, desde o início, em dar arbitrariamente a *esse* conteúdo exatamente esta forma (a sistemática)? Ou o fundamento dessa vinculação é mais profundo, e forma e conteúdo não poderiam ser dados de uma vez por meio de qualquer fundamento em comum, e a forma desta ciência não poderia introduzir por si o seu conteúdo ou o seu conteúdo a sua forma? Neste caso, ou o conteúdo é necessariamente determinado pela forma ou a forma pelo conteúdo. Ainda assim, muito seria deixado à arbitrariedade dos filósofos, pois lhes bastaria meramente descobrir a forma ou o conteúdo para introduzir por meio de um o outro; mas a força com que esta vinculação determinada se impõe ao espírito deve ocasionar o pensamento de que um fundamento dela poderia residir no espírito humano e que, até agora, a filosofia não teria penetrado até ele mesmo, embora tenha, *guiada* por ele, procurado a vinculação absoluta de um conteúdo determinado com uma forma determinada — uma ideia da qual a filosofia só poderia se aproximar pouco a pouco e que, enquanto ainda não tivesse encontrado aquele fundamento que reside no espírito humano, só poderia expressar em grau mais ou menos distante. Isso deixa claro que, se o conteúdo da filosofia ou necessariamente introduz sua forma ou a forma seu conteúdo, só pode haver na ideia *uma* filosofia e que cada filosofia diferente desta única filosofia seria uma ciência aparente e, de acordo com a pressuposição (*guiada* certamente por meio daquele mesmo fundamento oculto no espírito humano, mas não por ele *determinada*), surgiria por mera *arbitrariedade*.

Ciência em geral — seu conteúdo seja qual for — é um todo sob a forma da unidade. Isso só é possível quando todas as partes dela são subordinadas a *uma* condição, quando cada parte só determina a outra na medida em que é ela mesma determinada por aquela *única* condição. As partes da ciência se chamam proposições, essa condição, portanto, proposição fundamental.[9] De acordo com isso, a ciência só é possível mediante uma *proposição fundamental*. (Esta forma da unidade, isto é, da conexão contínua de proposições

---

[9] *Grundsatz.*

condicionadas, a mais elevada das quais não é condicionada, é a forma *universal* de todas as ciências e é diferente da forma particular das ciências singulares na medida em que esta se refere, ao mesmo tempo, a seu conteúdo determinado. Aquela poderia se chamar a forma *formal*, esta *material*. Se o conteúdo da ciência introduz a forma dela, ou a forma introduz o conteúdo, a forma formal é dada por meio da material, ou esta necessariamente por meio daquela.)

A proposição fundamental de cada ciência particular não pode, mais uma vez, ser condicionada por meio da ciência mesma, mas deve ser incondicionada *em referência a esta*. — É justamente por isso que a proposição fundamental só pode ser *uma*. Pois, se diversas proposições fundamentais condicionassem a ciência, então não haveria um terceiro por meio do qual as duas fossem vinculadas, ou haveria um. No primeiro caso, as duas seriam proposições fundamentais *diferentes*, condições, portanto, de ciências *diferentes*, no outro, seriam coordenadas,[10] na medida em que se referissem mutuamente a um terceiro por meio do qual fossem vinculadas, excluindo-se assim mutuamente, de maneira que nenhuma poderia ser uma proposição fundamental, mas pressupondo ambas ainda um terceiro mais elevado, por meio do qual fossem comumente condicionadas.

Se a proposição fundamental de uma ciência deve ser condição de *toda* a ciência, então ela deve ser tanto condição de seu *conteúdo* quanto de sua *forma*. Assim, se a filosofia deve ser uma ciência em que um conteúdo determinado é ligado, não apenas arbitrariamente, a uma forma determinada, então a sua proposição fundamental mais elevada não tem apenas que fundamentar o conteúdo total e a forma total da ciência, mas deve ter ele mesmo um conteúdo que não é ligado com sua forma determinada apenas arbitrariamente.

Além disso, ainda que não deva ser condição de todas as ciências, o que ainda não admitimos como aceito, a filosofia não

---

[10] *Einander beigeordnet.*

deve ser ela mesma condicionada por outra ciência: o conteúdo de sua proposição fundamental não deve, portanto, ser tomado de nenhuma outra ciência, e como ele mesmo deve ser condição de todo conteúdo da ciência, então deve ser um conteúdo existente *por excelência — incondicionadamente*. Mas por meio disso se afirma, ao mesmo tempo, que o conteúdo da filosofia fundamenta *todo* o conteúdo das ciências em geral. Pois, se o conteúdo da filosofia deve ser incondicionado por excelência, isto é, dado por meio de uma proposição fundamental *por excelência* — incondicionada —, então qualquer outro conteúdo só pode ser condicionado por meio dele. Se o conteúdo de qualquer outra ciência fosse posto acima[11] do conteúdo da filosofia, a filosofia seria então condicionada por outra ciência, o que conflita com a suposição; mas se lhe fosse coordenado,[12] ambos pressuporiam um ainda mais elevado, *por meio do* qual fossem coordenados.[13] Portanto, deve haver uma ciência sublime acima da filosofia e de todas as outras ciências até agora existentes, ou a filosofia deve conter ela mesma as condições de toda outra ciência. Então, aquela só poderia ser a própria ciência das últimas condições da filosofia, e assim, com a pergunta sobre como seria possível a filosofia em geral, nós nos encontraríamos no campo dessa ciência, que poderia ser chamada de propedêutica da filosofia (*philosophia prima*), ou melhor, uma vez que ela deveria ao mesmo tempo condicionar todas as outras ciências, teoria (ciência) de toda ciência, ciência originária,[14] ou ciência *kat'exochen*.

Enfim, tomemos desses casos qual quisermos, se deve de fato ser uma ciência, a filosofia tem que ser condicionada por *uma proposição fundamental por excelência* — *absoluta*, que precisa

---

[11] *Übergeordnet*.
[12] *Beigeordnet*.
[13] Quais são as provas disto? Alguém perguntará. — A partir da forma originária do saber humano! — Eu mesmo só chego a ela ao pressupor tal unidade absoluta de meu saber (portanto, ela mesma). Isto é um círculo. — Sem dúvida, mas tal círculo só seria evitável se não houvesse nada *absoluto* no saber humano. O absoluto só pode ser dado por meio do absoluto. Só há um absoluto porque há um absoluto (A = A). Isso se tornará mais claro a seguir. (N.A.)
[14] *Urwissenschaft*.

conter a condição de todo conteúdo e de toda forma, se deve realmente fundamentá-los.

Com isto, agora também está resolvida (por meio do mero desenvolvimento de seu sentido)a questão feita acima, sobre como, nomeadamente, de acordo com sua forma e seu conteúdo, a filosofia é possível como ciência, se seu conteúdo contém sua forma determinada por meio de mera arbitrariedade, ou se ambos introduzem um ao outro reciprocamente. Pois agora se pode ver claramente que um conteúdo incondicionado por excelência só pode ter uma forma incondicionada por excelência, e inversamente, porque se um fosse condicionado, o outro seria, mesmo que incondicionado, ele mesmo condicionado nessa vinculação com um condicionado; portanto, a vinculação da forma e do conteúdo da proposição fundamental mais elevada não pode ser arbitrária nem determinada por um terceiro (uma proposição fundamental ainda mais elevada); ambos só podem ser determinados mutuamente um pelo outro, ambos introduzem reciprocamente um ao outro e devem ser possíveis somente sob a condição do outro. (A forma interna do conteúdo e da forma da proposição fundamental é, portanto, a do ser-determinado[15] por si mesmo, por meio do qual a forma externa, a forma do ser-posto incondicionadamente, se torna primeiramente possível.) Com isso se resolve agora o problema que esteve até aqui no caminho de todas as tentativas de uma filosofia científica, mas que, como parece, não havia ainda sido desenvolvido com clareza suficiente, nomeadamente a questão: uma vez que cada uma já como proposição fundamental parece pressupor novamente uma mais elevada, de que espécie deve ser a proposição fundamental mais elevada, deve ser ela uma proposição material ou uma formal?

Se ela deve ser material, isto é, uma proposição que meramente fundamenta um *conteúdo* determinado da filosofia (como a proposição da consciência de Reinhold), então não está somente como proposição fundamental *em geral* (de acordo com sua *possibilidade*), mas também como proposição fundamental determinada

---

[15] *Bedingtsein*.

de acordo com sua *realidade*, sob uma forma por meio da qual é determinada como proposição fundamental em geral e como proposição fundamental *determinada* (que expressa um conteúdo determinado). A proposição da consciência,[16] por exemplo, enquanto proposição material, permanece sempre proposição condicionada. Ela certamente deve ter, como Enesidemo pode dizer, um sujeito e um predicado; por meio de que, contudo, a vinculação deles deve primeiramente se tornar possível, se já não pressuponho uma forma que expressa a relação de sujeito e predicado, e o que me impede, enquanto esta não esteja disponível, de suspender aquela vinculação? Como devo pôr algo em qualquer proposição sem ter a forma do ser-posto?[17] Se expresso um conteúdo determinado por meio de uma proposição, então este conteúdo deve ser assim diferenciado daquele outro conteúdo. Como isto é possível, como posso pôr qualquer conteúdo como diferente de cada outro sem pressupor uma forma desse pôr, por meio da qual cada conteúdo determinado é determinado como diverso de todo outro posto?

Se a proposição fundamental mais elevada deve ser uma meramente *formal*, isto é, se ela deve expressar somente uma forma determinada, como a proposição fundamental mais elevada da filosofia leibniziana, então esta forma deve ser incondicionada, senão a proposição fundamental que a expressa não poderia mais ser, como proposição fundamental, a mais elevada, porque a sua forma mesma seria, na medida em que é uma proposição fundamental em geral, novamente determinada por uma superior. Mas não há nenhuma forma universal que não pressuponha necessariamente algum conteúdo qualquer (algo que é posto), e nenhuma forma universal incondicionada por excelência que não pressuponha necessariamente um conteúdo determinado possível unicamente para ela.[18]

---

[16] *Satz des Bewußtseins.*
[17] "Gesetztsein".
[18] Eu, ao menos, procurei inutilmente uma fórmula do princípio de não contradição que não pressupusesse um conteúdo em geral (portanto, uma proposição fundamental material). Aqueles que não entendem isto *a priori* como necessário devem procurar, *a posteriori*, ser mais felizes do que eu. (N.A.)

Aqui nos encontramos em um círculo mágico, do qual claramente não podemos sair senão por meio da suposição à qual já havíamos chegado por meio do mero desenvolvimento do conceito de uma proposição fundamental, ou seja, a suposição de que há um princípio superior absoluto por meio do qual também é necessariamente dada com o conteúdo da proposição fundamental superior, com o conteúdo, portanto, da condição de todo outro conteúdo, sua forma, que é condição de toda forma, de modo que ambos fundamentem um ao outro mutuamente, e que dessa maneira a proposição fundamental superior não expresse apenas todo o conteúdo e toda forma da filosofia, mas dê a si por esse meio seu conteúdo particular e sua forma particular. (Na medida, nomeadamente, em que contém o conteúdo de todo conteúdo, dá ao mesmo tempo a si mesma seu conteúdo, e na medida em que, como proposição fundamental *determinada*, é proposição fundamental da forma de toda forma, dá ao mesmo tempo a si mesma sua forma, na medida em que é proposição fundamental *em geral*. A forma material introduz a formal.)

Assim não seriam dados por meio de tal proposição fundamental superior apenas o conteúdo e a forma de uma ciência em geral, mas também a forma determinada da *vinculação* entre esses dois. É dada como forma universal dessa vinculação, por meio da proposição fundamental superior, a forma do recíproco ser-determinado[19] do conteúdo pela forma e da forma pelo conteúdo. Portanto, em todas as outras proposições da ciência (diferentes da proposição fundamental), a vinculação de um conteúdo determinado com uma forma determinada só pode ser possível na medida em que aquelas proposições fundamentais sejam determinadas por meio da proposição fundamental superior de acordo com seu conteúdo ou sua forma. Pois, se sua forma ou seu conteúdo é dependente da proposição fundamental superior, e se nesta, porém, só ocorre uma forma possível da *vinculação* entre aquela e este, assim, se nas outras proposições fundamentais particulares derivadas

---

[19] *Wechselseitiges Bestimmtsein*.

apenas a forma ou o conteúdo é determinado pela superior, a vinculação da forma e do conteúdo das proposições fundamentais particulares também é determinada por meio disto, de modo que uma vinculação em geral deles só ocorre na medida em que eles são reciprocamente condição e condicionado.

O erro que foi cometido até aqui em todas as tentativas de solucionar o problema da proposição fundamental de todas as proposições fundamentais consistiu claramente no fato de que se procurou resolver apenas uma parte do problema (ora a concernente ao conteúdo, ora a concernente à forma de todas as proposições fundamentais).[20] Não é de se espantar que assim faltasse às proposições fundamentais formais ou materiais, particularmente estabelecidas, respectivamente *realidade*[21] e *determinidade*,[22] enquanto fosse desconhecida a fundamentação recíproca de uma pela outra.

* * *

Mas como devemos agora procurar aquela proposição fundamental de todas as proposições fundamentais, que contém a condição de todo conteúdo e de toda forma de uma ciência, na medida em que ambos são fundamentados reciprocamente um pelo outro? — Aqui deve bastar um esboço *geral* do caminho percorrido na busca por esta proposição fundamental, uma vez que a ocupação

---

[20] Quem não entendeu o que até aqui foi dito, pode ainda querer perguntar por que não podem ser então estabelecidas duas proposições fundamentais, das quais uma é material e a outra formal, como condições superiores de toda a ciência? A resposta é que a ciência deve ter unidade e, portanto, ser fundamentada por um princípio que contenha uma unidade absoluta. Se quiséssemos aceitar aquela sugestão, então cada proposição fundamental seria por si mesma *indeterminada* e pressuporia a outra. Então não se teria (se não houvesse um princípio em que *ambos* fossem contidos) que pô-las uma ao lado da outra, mas sim pressupô-las reciprocamente. Além disso, na separação uma da outra elas não dariam *uma* ciência de conteúdo determinado e forma determinada, mas, em *uma* série, uma ciência de mero conteúdo e, na outra, uma ciência de mera forma, o que é impossível. (N.A.)

[21] Forma em geral só pode ser realizada por meio de um conteúdo. Mas também assim conteúdo sem forma é = 0. (N.A.)

[22] *Bestimmtheit*.

principal desta investigação se refere apenas à dedução da forma originária de toda ciência a partir desta proposição fundamental. Devemos retornar de proposição fundamental em proposição fundamental, de condição em condição, até a mais elevadamente absoluta — categórica? Precisaríamos, contudo, necessariamente iniciar com proposições *disjuntivas*, isto é, cada proposição fundamental, na medida em que não é determinada por si mesma (pois senão seria a mais elevada) nem por uma mais elevada (a qual queremos primeiramente procurar), não seria capaz de se tornar o primeiro ponto de uma investigação regressiva. Mas a primeira nota característica contida no conceito de uma proposição indeterminada por excelência nos indica um caminho bem diferente para procurá-la. Ela só pode ser determinada por *si mesma*, só pode ser dada mediante *suas próprias notas características*. Mas ela não tem outra nota característica além da nota característica da incondicionalidade absoluta; fora esta, todas as outras notas características que se pudessem indicar dela ou estariam em contradição com ela ou já estariam nela contidas.

Uma proposição fundamental em si mesma *indeterminada* por excelência deve ter um *conteúdo* que é ele mesmo *indeterminado*, isto é, que não é determinado pelo conteúdo de qualquer outra proposição fundamental (seja este conteúdo um fato, ou uma abstração e uma reflexão). Isso só é possível na medida em que aquele conteúdo é algo que é posto originariamente por excelência, cujo ser-posto não é determinado por nada fora dele, que, portanto, põe a si mesmo (mediante causalidade absoluta). Só que nada mais pode ser posto por excelência além daquilo por meio de que tudo mais é primeiramente posto, nada pode pôr a si mesmo além daquilo que contém a si mesmo como independente por excelência e originário, e que é posto não porque é posto, mas porque é ele próprio o *ponente*.[23] Este não é outro senão o *eu* originariamente posto por si mesmo, que é caracterizado por todas as notas características indicadas. Porque o eu é posto por

[23] *Das Setzende.*

excelência, o seu ser-posto não é determinado por nada fora dele, ele põe a si mesmo (mediante causalidade absoluta), ele é posto não porque é posto, mas porque é ele próprio o ponente. Também estamos fora de perigo de encontrar qualquer outra coisa que seja determinada por todas essas notas características.

Se o conteúdo da proposição mais elevada fundamenta, ao mesmo tempo, sua forma e esta também fundamenta, reciprocamente, o seu conteúdo, então a forma não pode ser dada senão por meio do eu e o próprio eu por meio dessa forma. O eu é dado, agora, meramente como eu, a proposição fundamental, portanto, só pode ser esta: *eu é eu*. (*Eu* é o conteúdo da proposição fundamental — *eu é eu*, a forma material e a forma formal, as quais se introduzem reciprocamente.) Mas se houvesse algo diverso do eu, que fosse, porém, determinado pelas mesmas notas características, então, o conteúdo daquela proposição fundamental não deveria ser dado por meio de sua forma, e esta não precisaria ser dada por meio daquele, ou seja, ela deveria enunciar: eu = não-eu. Este círculo em que aqui inevitavelmente caímos é exatamente a condição da evidência absoluta da proposição mais elevada. *Que* ele é inevitável já é evidenciado pela pressuposição acima demonstrada, de que a proposição mais elevada deveria necessariamente conter seu conteúdo por meio de sua forma, sua forma por meio de seu conteúdo. Ou necessariamente não deve haver uma proposição mais elevada, ou ela só pode surgir por meio da fundamentação recíproca de seu conteúdo e de sua forma.

Por meio desta proposição fundamental é dada uma *forma do ser-posto absoluto* mais elevada, que pode ela própria, mais uma vez, ser conteúdo de uma proposição fundamental, mas não pode, naturalmente, conter outra forma que não a sua própria, de maneira que a sua expressão geral é esta: A = A. Mas, se a forma universal da proposição fundamental incondicionada (A = A) não fosse condição de todo conteúdo possível de qualquer proposição fundamental, então a proposição fundamental mais elevada também poderia enunciar: eu = não-eu.

Mas, se, ao contrário, o conteúdo e a forma da proposição fundamental mais elevada não fossem dados *simplesmente* por meio do eu, portanto, se eu não fosse eu, então aquela forma do ser-posto absoluto não seria possível, ou seja A = não A. Pois A poderia ser posto no eu, mas não A, que não é igual ao eu, também poderia ser posto no eu, haveria então dois eu diferentes, nos quais seria posto algo muito diferente, e seria possível que houvesse A > A, ou A = não A.

Se, portanto, eu não é = eu, então A = não A,[24] e se A = não A, então eu = não-eu.

Mas justamente com isso é dado o conteúdo (e por meio disso também a forma) de uma segunda proposição fundamental, que enuncia: *Não-eu* não é eu (não-eu > eu). Como conteúdo da proposição fundamental é dado um *não-eu em geral*, como conteúdo possível de uma proposição fundamental *em geral*. Na medida em que aquela proposição fundamental contém seu conteúdo por meio de uma mais elevada, a sua forma também é condicionada mediatamente, mas na medida em que este conteúdo mesmo determina a forma imediatamente, então este é *imediatamente incondicionado*, ou seja, é determinado somente pela própria proposição fundamental. Na medida em que o não-eu é contraposto ao eu, e a forma do eu é incondicionalidade, a forma do não-eu deve ser *condicionalidade*, e só pode se tornar conteúdo de uma proposição na medida em que é condicionada por meio do eu. Assim como a forma da incondicionalidade é fundamentada por meio da proposição fundamental mais elevada, a da *condicionalidade* o é por meio da segunda. (Se o eu apenas põe a si mesmo, então toda forma possível seria esgotada por meio da forma da incondicionalidade, uma incondicionalidade que nada condicionaria). —A *vinculação*

---

[24] Não porque a regra A = A não seria válida no caso *particular*, uma vez que ela ainda poderia ser válida em outro caso, mas sim porque aquela forma não é fundamentada *de maneira alguma*, não tem realidade alguma, nem mesmo está disponível se não for fundamentada pela proposição eu = eu. Não pode haver uma forma *incondicionada* senão na medida em que é dada por meio de uma proposição fundamental que condiciona a si mesma. (N.A.)

de uma forma determinada com um conteúdo determinado só é possível, no caso da segunda proposição fundamental, na medida em que o *conteúdo* é determinado pela proposição fundamental mais elevada, e por meio deste conteúdo ao mesmo tempo a forma, portanto também a vinculação entre ambos.

O eu é posto por meio de si mesmo. Por meio do mesmo eu, no entanto, é posto um não-eu, com isso o eu suspenderia a si mesmo se, ao por um não-eu, não pusesse a si mesmo. Mas como ele mesmo é posto *originariamente de maneira incondicionada*, portanto, de maneira que originariamente (em si mesmo) nada diferente seja posto ou possa ser posto, então isso só pode ocorrer *fora dele*, em um *terceiro*, que surge na medida em que o eu, ao pôr um não-eu, põe a si mesmo, em que tanto o eu quanto o não-eu são postos apenas na medida em que se excluem reciprocamente. Mas um terceiro, ao qual se referem em comum duas coisas que se excluem reciprocamente, se relaciona com as condições desta condição como um todo do ser condicionado em relação às condições particulares, deve haver, assim, um terceiro, condicionado comumente por eu e não-eu, portanto, um produto em comum de ambos, em que o eu só é posto na medida em que ao mesmo tempo é posto um não-eu, e o não-eu só é posto na medida em que é posto ao mesmo tempo um eu.[25]

Por meio disso é agora determinada uma *terceira* proposição fundamental, cujo *conteúdo é dado incondicionadamente*, porque o eu só *se* põe por meio de si mesmo ao pôr um não-eu (por liberdade): por outro lado, a forma *dele* é condicionada, isto é, só é possível por meio da forma da primeira e da segunda proposição fundamental, como uma forma da *condicionalidade determinada por meio da incondicionalidade*. A *vinculação* da forma com o conteúdo só é possível nesta proposição fundamental na medida em que a forma é determinada por meio das duas proposições

---

[25] O eu nunca pode perder sua forma originária (a incondicionalidade) e, portanto, também não é condicionado neste terceiro, mas é posto como incondicionado ao ser posto *aquilo que ele condiciona* (o não-eu). Portanto, ele só é posto por meio de um condicionado justamente na medida em que é incondicionado. (N.A.)

fundamentais mais elevadas, e uma vez que nestas a sua forma determinada só se torna possível por meio de seu conteúdo determinado, seu conteúdo é ao mesmo tempo determinado mediatamente por meio daquelas proposições fundamentais.

Esta proposição fundamental é agora aquela proposição fundamental que fundamenta imediatamente a *teoria da consciência e da representação* e, nesta medida, uma teoria da consciência e da representação só é primeiramente possível por meio daquelas três proposições fundamentais de todas as proposições fundamentais.[26]

Destas três proposições fundamentais, a primeira é incondicionada *por excelência*, de acordo com seu conteúdo e sua forma, a segunda é *imediatamente* incondicionada somente de acordo com sua *forma*, a terceira é *imediatamente incondicionada* somente de acordo com seu *conteúdo*. Por meio destas três proposições fundamentais também se esgota todo conteúdo, toda forma da ciência. Pois, originariamente, nada é dado senão o eu, e, aliás, como condição mais elevada. Por meio dele, portanto, não é dado nada, na medida em que ele é condição, isto é, na medida em que

---

[26] "Mas o eu, o não-eu e a representação só são possíveis por meio da consciência, que, portanto, deve ser o princípio de toda filosofia." O eu, o não-eu e a representação são dados por meio da representação e esta só é dada por meio da *consciência* (subjetivamente), mas a dedução anterior ensina que eles só podem ser dados por meio da representação e, portanto, por meio da consciência, na medida em que eles mesmos são postos anteriormente (objetivamente, *independentemente* da consciência) *incondicionadamente* (como o eu) ou condicionadamente (por meio do incondicionado e não por meio da consciência). O ato que primeiramente aparece (segundo o tempo) ao filósofo é, aliás, o ato da consciência, embora a condição da possibilidade desse ato deva ser um ato mais elevado do espírito humano. — O conceito *representação* está, a propósito, no fundamento de *toda* a filosofia, assim como é determinado por meio daquelas três proposições fundamentais. Em sentido *prático*, representação não é nada senão determinação imediata do eu contido na representação por meio do eu absoluto e suspensão do não-eu contido na representação, na medida em que este está disponível na mesma sob a forma do *determinar*. A ação mais elevada do eu absoluto na filosofia *teórica* é *livre*, mas ela se refere, segundo sua forma (causalidade), necessariamente a um não-eu, na medida que este determina o conteúdo contido na representação e é assim delimitado, segundo sua *matéria*, por meio de um não-eu. Por outro lado, a ação mais elevada do eu absoluto é livre na filosofia *prática* segundo seu conteúdo e sua forma, ou seja, ela só refere ao eu contido na representação apenas na medida em que a determinação do mesmo é suspendida por meio de um não-eu. — Mas isso só pode ser dito aqui, não pode ser provado. Antecipa-se aqui apenas que também a filosofia prática só é possível por meio da proposição fundamental eu = eu! (N.A.)

algo é condicionado por meio dele, que, *por* ser condicionado por meio do eu, e apenas por isso,[27] deve ser um não-eu. E então não resta mais nada senão um *terceiro* que une ambos em si. Em suma, tudo o que pode se tornar conteúdo de uma ciência esgota-se na medida em que é dado como incondicionado por excelência ou como condicionado, ou como ambos ao mesmo tempo. Um quarto não é possível. Mas na medida em que nestas proposições fundamentais o conteúdo só é dado por meio da forma e esta somente por meio daquele, então toda forma possível também é esgotada por meio delas, na medida em que elas esgotam todo conteúdo possível da ciência, e estas proposições fundamentais contêm a forma originária de toda ciência, a forma da *incondicionalidade*, da *condicionalidade* e da *condicionalidade* determinada por meio de *incondicionalidade*.

***

Com isso estaria agora resolvido o problema que era o verdadeiro objeto deste escrito. O quão longe tal solução poderia conduzir e qual evidência seria transmitida por intermédio dela para as outras proposições fundamentais, a serem derivadas das três proposições fundamentais mais elevadas, o leitor pode ele mesmo julgar antecipadamente ou esperar a execução completa da ideia. Mas como tudo que é estabelecido sob uma nova forma se torna[28] mais compreensível para muitos — e também mais

---

[27] Por isso e nada mais o eu que é condicionado na representação por meio do eu absoluto também se torna um não-eu. (N.A.)

28 Quem afirma que o que foi dito até aqui é uma verdade já há muito reconhecida diz algo mais verdadeiro do que ele mesmo talvez acredite. Seria triste se ele não tivesse razão. Todos os filósofos (que merecem este nome) falam de uma proposição fundamental mais elevada de sua ciência, que deveria ser evidente, com que não entendiam senão uma proposição fundamental cujo conteúdo ou cuja forma deveria ser fundamentada reciprocamente um pelo outro. Com o princípio de não contradição como princípio da filosofia, *Leibniz* não quis dizer senão que a proposição fundamental mais elevada (em que seria contida a unidade *absoluta*) seria a proposição eu = eu. Por meio de seu Cogito, ergo sum, *Descartes* não quis senão que a forma originária de toda filosofia seja a do ser-posto incondicionado. O que a filosofia deveria se tornar dessa maneira

aceitável — quando é posto em comparação com a forma até então habitual, que esta nova solução do problema da forma originária de toda ciência seja então posta em um paralelo com as soluções anteriores dele. Mas os destinos desta forma só se tornam importantes a partir do ponto em que os filósofos primeiramente pensaram determinadamente que, antes de se poder falar de uma ciência, deve ser estabelecido o princípio de *toda* forma, em vez de serem estabelecidas apenas formas particulares. Isto foi explicado por Descartes por meio de seu *cogito, ergo sum*, pena que ele não foi adiante! Ele estava no caminho de fundamentar a forma originária de toda a filosofia por meio de um princípio real, mas abandonou o trajeto iniciado. Seu aluno Espinosa também sentiu esta necessidade de dar à forma do saber humano em geral uma fundação[29] — ele extraiu do eu a forma originária do saber para transferi-la a um conjunto[30] de toda possibilidade, a qual é completamente diferente e independente daquele. — Leibniz foi quem estabeleceu mais determinadamente a forma de todo ser-posto incondicionado como forma originária de todo saber. Este filósofo foi incompreendido da maneira mais imperdoável quando se acreditou que ele quis elevar o princípio de não-contradição ao princípio de toda filosofia — segundo sua forma e seu conteúdo. Ele pôs expressamente ao lado desta proposição fundamental o *princípio da razão*

foi mais bem percebido por todos esses filósofos do que alguns de hoje. *Leibniz* queria fazer da filosofia uma ciência demonstrada apenas a partir de princípios, Descartes quis atingir o mesmo por meio de seu princípio segundo o qual só seria verdadeiro o que é dado por meio do eu. Também por meio da *Crítica da Razão Pura*, da teoria da faculdade de representação e a futura doutrina da ciência deve surgir uma ciência que opera de maneira puramente lógica e que não lida com nada além do que é dado por meio do eu (por meio de liberdade e autonomia do eu). Cessará então a conversa sobre provas objetivas da existência de Deus e, como por vezes se gosta de dizer, da *existência objetiva* de uma imortalidade. Então terá fim, de uma vez por todas, a incessante pergunta: existe uma coisa em si? (O que significa o mesmo que perguntar se algo que não aparece [erscheint] é um fenômeno [Erscheinung?].) Nada se saberá senão o que é dado por meio do eu e por meio da proposição eu = eu, só se saberá como se sabe a proposição eu = eu, e este saber incorrerá, infinitamente menos do que o saber de qualquer outra filosofia, em *egoísmo* de qualquer espécie. (N.A.)

[29] *Grundlage*.
[30] *Inbegriff*.

suficiente, afirmando exatamente por meio disto com tanta força e determinação quanto Crusius ou qualquer outro filósofo depois dele que para se descobrir uma filosofia é necessário ultrapassar aquela proposição fundamental — ele caracterizou, por assim dizer, por meio desta segunda proposição fundamental o método em geral para descobri-la, como um método de longe ainda não atingível exclusivamente pelo princípio de não-contradição (o incondicionado). Em contrapartida, a deficiência que restou na filosofia deste grande homem foi o estabelecimento destas duas proposições fundamentais como não determinadas por nenhuma outra e também, portanto, o estabelecimento da forma que foi expressa nelas como uma forma que não é fundamentada por *conteúdo* algum, em suma, a solução de apenas uma parte do problema sobre a possibilidade de toda filosofia e, exatamente por isso, também a solução não completamente satisfatória daquela parte que se procurava solucionar. Desconheceu-se, portanto, aquilo que era correto em suas proposições fundamentais, sem reconhecer ou melhorar aquilo que nelas era deficiente.

Estava reservado ao fundador da filosofia crítica contrapor a mais bela apologia deste grande espírito às incompreensões da maior parte de seus discípulos, e ele mesmo não apenas continuou a traçar aquele percurso da filosofia ainda mais determinadamente do que seu antecessor (que estava satisfeito com um esboço geral), mas também percorreu o trajeto descrito por ele com uma consequência que só ela poderia conduzir à meta. — A distinção determinada da forma *analítica* e da *sintética* proporcionou constância e firmeza ao contorno flutuante da forma de toda filosofia esboçado por Leibniz. Em contrapartida, ele apresentou esta forma originária de toda filosofia como meramente *existente*, sem ligá-la a nenhum princípio superior, e mesmo a conexão desta forma (que ele apresentara como forma de todo pensar possível) com as formas particulares do pensar, que ele primeiramente apresentou em uma completude exaustiva, não foi ainda indicada em nenhum lugar por ele tão determinadamente quanto seria necessário. Mas de onde vem aquela distinção entre juízos analíticos e sintéticos? Onde está o princípio em que se funda esta forma originária? Onde está o princípio segundo o qual são derivadas as formas particulares do pensar, as quais ele estabelece sem qualquer referência a um princípio mais elevado? Estas questões ficaram ainda sem resposta. E ainda restou uma ausência (que já se deixa supor de antemão e é em seguida efetivamente confirmada), nomeadamente, a ausência de uma determinação dessas formas do pensar por meio de um princípio, uma determinação que não deixe sobrar mais nenhuma incompreensão delas, por meio da qual elas sejam completamente separadas umas das outras e por meio da qual pudesse ser evitada qualquer mistura possível delas — em suma, uma determinação que, evidentemente, só se tornou possível por meio de um princípio mais elevado.

Kant estabeleceu como forma originária de todo pensar a forma analítica e sintética. Mas de onde ela vem, onde está o princípio em que ela se funda? Esta questão é agora respondida por meio da presente dedução. Esta forma é dada por meio das proposições fundamentais superiores de todo saber ao mesmo tempo e de maneira inseparável do *conteúdo* de todo saber. Com essas nos são dadas, nomeadamente:

1. uma forma que é incondicionada por excelência, a forma do ser-posto de uma proposição por excelência, que não é condicionada por nada mais do que esta mesma proposição e que, portanto, não pressupõe nenhum outro conteúdo de uma proposição mais elevada, em suma, a forma da incondicionalidade. (Princípio de não-contradição, forma analítica.)[31]

2. uma forma que é condicionada, que se torna possível por meio do conteúdo de uma proposição mais elevada — forma da condicionalidade. (Princípio de razão,[32] forma sintética.)

---

[31] Note-se que aqui só se fala da *espécie do ser-posto em geral* e que não se toma em consideração o *conteúdo* da proposição. Trata-se apenas de se a proposição, *como* proposição (não como proposição de um *determinado conteúdo*), seria posta incondicionadamente. Isso se tornará mais claro a seguir. (N.A.)

[32] *Satz des Grundes.*

3. uma forma composta a partir das duas — forma da condicionalidade determinada por meio da incondicionalidade. (Princípio da disjunção,[33] vinculação da forma analítica e sintética. — Uma vez que a forma analítica e sintética já fora fixada, então pôde ser certamente determinada por meio da terceira, a qual une ambas em si, uma forma que em si não é nova, mas que nem por isso é menos importante. É realmente de se admirar que o grande filósofo que declarou aquelas duas formas como formas-originárias de todo pensar não tenha adicionado a terceira, especialmente porque ele, na contagem das formas do pensar particulares dependentes desta forma originária, sempre contou ainda uma terceira forma, que só é possível por meio da vinculação originária da forma analítica com a sintética, por meio, portanto, de um terceiro modo da forma originária.)

Na medida em que se torna mais importante para toda a filosofia o estabelecimento por Kant desta forma originária de todo saber (analítica e sintética), admira-se ainda mais que ele não tenha em lugar algum indicado determinadamente[34] a conexão das formas *particulares* do saber, apresentadas em uma tábua, com aquela forma originária acima de todas, e que ele, da mesma maneira como estabelece aquela forma originária sem ligá-la a um princípio — *ex abrupto*, por assim dizer — também tenha exposto as formas derivadas como não dependentes de um princípio. Fica-se ainda mais admirado quando se lê a sua própria afirmação de que todas as formas ordenadas por ele segundo quatro momentos têm algo em comum entre si, que, por exemplo, em toda parte haveria um mesmo número das formas de cada classe, nomeadamente três, que em todo lugar a *terceira* forma surgiria da vinculação entre a primeira e a segunda de sua classe etc. Isto indica diretamente

---

[33] *Satz der Disjunction.*
[34] Uma passagem da *Crítica da razão pura* contém efetivamente uma indicação desta conexão, e a importância da mesma em referência à forma de toda ciência. S. Elementar. Th.I. Abth.I.B.I. Hauptst. III. Abschn. § 11. — *Tais passagens* em que aparecem tais indicações (por assim dizer, raios individuais que este espírito admirável lança sobre um todo da ciência) são fiadoras da correção daqueles traços com que Fichte procurou caractererizar o mesmo (no prefácio a seu escrito acima mencionado). (N.A.)

uma *forma originária*, sob a qual *todas comumente* estão e a que transmite a todas elas aquilo que têm em comum quanto à forma. Mas só se entende com mais facilidade por que Kant não tentou efetivamente esta redução de todas as formas particulares àquela forma originária quando se descobre, em um exame detalhado, que ele ainda não tinha passado esta forma totalmente a limpo, que ele já a havia especializado demais para que ela ainda pudesse se tornar princípio de todas as formas restantes. Ele entende sob *proposições analíticas* meramente aquelas que, ademais, foram chamadas de *idênticas*, e sob sintéticas as *não idênticas*. De acordo com isso, o princípio da forma originária é a proposição fundamental: *eu é eu*, proposição que, aliás, é idêntica. Que esta é uma proposição idêntica pertence, contudo, a seu conteúdo e não a sua forma em geral, com que a forma em geral nelas expressa, a forma do ser-posto incondicionado, só pode ser aquela que, com exceção de todo predicado, é fundamentada por meio dele como forma originária. Com aquele princípio é dada, pois, a *proposição fundamental do ser-posto incondicionado*, por meio da qual cada sujeito pode ser posto com cada predicado por meio do qual não é suprimida[35] (princípio de não-contradição). Mas sob esta proposição fundamental não estão evidentemente apenas aquelas proposições fundamentais em que o sujeito tem a si mesmo como predicado, mas também *todas* em que, em geral, um sujeito é posto por meio de um predicado por excelência (independentemente de qual). Por exemplo, a proposição A = B é, para Kant, uma proposição sintética, mas é, no fundo, uma analítica, pois há nela algo posto por excelência e incondicionadamente. Por outro lado, esta proposição não é uma proposição *idêntica*. — Proposições idênticas se comportam em relação a analíticas como espécie em relação a gênero. Naquelas o próprio sujeito se torna predicado, e nesta medida algo é posto nela por excelência, mas, de acordo com as próprias explicações de Kant, a lógica geral deve abstrair totalmente de *qual* predicado é atribuído a um sujeito em uma pro-

[35] *Aufgehoben.*

posição, e somente olhar para *como* ele lhe é atribuído, assim, por exemplo, na proposição analítica, não por meio de *qual* predicado o sujeito por excelência seria posto, mas apenas se por meio de um — independentemente de qual — ele seria posto.

Portanto, para aquelas proposições que Kant chama de analíticas, a língua filosófica deve retomar a expressão *idênticas* e preservar, por outro lado, para aquelas que expressam apenas um ser-posto incondicionado ou condicionado, a expressão analíticas e sintéticas. E então se tornará fácil reconduzir as formas particulares do pensar à forma originária de maneira tal que elas sejam integralmente determinadas e seja evitada qualquer confusão delas, também indicando a cada uma em particular o seu determinado lugar, de maneira que não possa ocorrer mais qualquer dúvida a este respeito.

Quando se observa mais atentamente a tábua kantiana destas categorias, então se descobre que, efetivamente, em vez de estabelecer a forma originária como princípio das restantes, Kant a pôs entre as demais — em uma mesma série. Pois, que as formas da *relação* não apenas estão no fundamento de todas as restantes, mas são efetivamente idênticas com a forma originária (da analítica, da sintética e da mista), descobre-se logo no exame mais atento.

A *forma categórica* não é outra do que, nomeadamente, a do *ser-posto incondicionado*, que é dada por meio da mais elevada das proposições fundamentais e só se refere à maneira como um predicado é posto — (independentemente de qual). Esta forma, portanto, também está meramente sob a lei do ser-posto incondicionado (princípio de não-contradição). — Forma analítica.

A *hipotética* não é outra que a do ser-posto condicionado, a qual é dada por meio da segunda proposição fundamental mais elevada, e está apenas sob esta. — Forma sintética.

A forma *disjuntiva* não é outra que a forma do *ser-posto condicionado por meio de um todo das condições* — portanto, composta das ambas anteriores e dada apenas por meio da terceira proposição fundamental mais elevada. — Forma mista.

Mas em referência às formas particulares, então,

1. de acordo com a *quantidade*, a forma sob a forma originária do *ser-posto incondicionado* pode ser meramente a forma da *unidade*, pois só esta é *incondicionada*, a forma da *multiplicidade*, em contrapartida, é condicionada pela forma da unidade, de maneira tal que a forma da quantidade sob a forma originária do ser-posto *condicionado* só pode ser *multiplicidade*. (Por exemplo, a proposição alguns A são B só vale sob a condição das proposições categóricas A^1, A^2, A^3, A^4 etc. são B.) A forma da quantidade sob a forma originária da *condicionalidade determinada por incondicionalidade* deve ser, portanto, multiplicidade determinada por unidade, ou seja, *totalidade*. Por isso, uma proposição universal não é uma categórica nem uma hipotética, mas ambas ao mesmo tempo. Ela é categórica porque as condições sob as quais ela está estão *completas* (por exemplo, a proposição: todos A são B, é uma proposição categórica porque as condições dela, as proposições: A1 A2 [e assim por diante até o último A possível] = B, estão completas). Ela é hipotética porque está em geral sob condições.

2. de acordo com a *qualidade*, a forma sob a forma originária do ser-posto *incondicionado* só pode ser a da *afirmação*, pois a forma sob a forma originária do ser-posto *condicionado* só pode ser negativa[36]. (Uma proposição condicionada *nega*[37] o ser-posto incondicionado e só admite um condicionado. Portanto, uma proposição *negativa* sempre pressupõe uma categórica afirmativa, como a proposição: não-eu > eu pressupõe a proposição: eu = eu.) A terceira forma, determinada pelas duas proposições fundamentais superiores só pode, portanto, unir em si a forma da afirmação e da negação, mas nunca expressar *uma* das duas.[38]

[36] *Verneinend.*
[37] *Leugnet.*
[38] A forma da *afirmação* não é *idêntica* com a forma do ser-posto incondicionado, embora seja determinada por ele. Pois também se pode pensar o ser-posto incondicionado de uma *unificação* (no terceiro modo). Mas esta possibilidade de um ser-posto incondicionado da unificação pressupõe uma forma da *unificação em geral* e esta uma forma da *afirmação em geral*. Estas duas formas podem ser combinadas em uma terceira, de

3. de acordo com a *modalidade*, a forma sob a forma originária do ser-posto *incondicionado* só pode ser a forma da *possibilidade*. Pois somente a forma da possibilidade é incondicionada, em contrapartida, ela mesma é *condição* absoluta de toda *efetividade*. Também a proposição eu = eu tem, na medida em que é posta incondicionadamente, mera possibilidade. — A forma da modalidade sob a forma originária do ser-posto *condicionado* é *efetividade*, pois a proposição *condicionada* é *dada* por uma condicionada, e os lógicos (antigos e modernos) não estabeleceram uma proposição mais falsa que a de que proposições hipotéticas se referem à mera *possibilidade*. A unificação de ambas as formas dá uma efetividade determinada por meio de possibilidade, isto é, *necessidade*. (Assim, todas as proposições idênticas são necessárias. Na medida em que são incondicionadas, estão sob a forma da possibilidade, na medida em que são *condicionadas por meio de si mesmas*,[39] sob a forma da efetividade. A proposição eu = eu, como proposição *categórica*, é meramente possível, mas na medida em que, ao mesmo tempo, não é, todavia, condicionada por uma proposição mais elevada, mas por meio de si mesma, vem a ser uma proposição *necessária*. Também brilha aos olhos que proposições idênticas expressam uma forma meramente particular sob a forma *universal* de proposições analíticas. Fica claro a partir disto que cada proposição idêntica tem que ser uma categórica, mas não inversamente, motivo pelo qual também não a forma da identidade, a qual é subordinada a uma mais elevada, mas sim

maneira que por meio do ser-posto incondicionado de uma unificação surjam aquelas proposições que os lógicos chamam de *infinitas*.

[39] *Ser-posto incondicionadamente* é algo bem diferente de *ser condicionado por si mesmo*. Uma proposição pode ser posta incondicionadamente e, no entanto, não-ser condicionada *por si mesma*, mas não inversamente. A proposição fundamental superior de toda ciência, como foi provado, enquanto *proposição fundamental* da forma incondicionada e do conteúdo incondicionado *em geral*, enquanto proposição por meio da qual se torna possível que algo seja posto incondicionadamente, não tem que ser apenas incondicionada em geral, mas também *condicionada por si mesma*. Faz parte de seu *conteúdo* que a proposição fundamental superior seja condicionada por si mesma, que ela seja posta *incondicionadamente* faz parte de sua forma externa, que é necessariamente introduzida pelo conteúdo.(N.A.)

a do *ser-posto incondicionado em geral* é a forma originária de toda filosofia. É justamente por isso que a proposição eu = eu também não fundamenta a forma da identidade, mas sim a do ser-posto incondicionado como forma originária. Pois a forma da identidade está presente nele mesmo apenas como condicionada por aquela; só se pode, portanto, reconhecer nela aquela forma como forma originária, a qual nela mesmo jamais é condicionada. Por meio disso explica o paradoxo acima de que esta proposição, como proposição categórica, estaria meramente sob a forma da possibilidade e, *na medida que* ela está sob *esta*, poderia vir a ser princípio de todo conteúdo e de toda forma de uma ciência.)

Ainda resta a questão: de onde vêm os momentos (da quantidade, qualidade e modalidade), de acordo com os quais estas formas derivadas são ordenadas? A reposta é fácil. Eles são dados imediatamente com a proposição fundamental mais elevada e poderiam ser desenvolvidos — da maneira mais simples — meramente a partir dela como algo *dado*. Pois, quando simplesmente se sabe o que deve ser entendido por meio de uma dedução destes momentos, é completamente impossível derivá-los de um *conceito já existente* — eles têm que se ser necessariamente derivados, como um fato, a partir de um princípio que expressa um fato em geral.[40]

* * *

Assim, o conteúdo originariamente dado de todo saber (o eu, o não-eu e o produto de ambos) determina ao mesmo tempo a forma de toda ciência, assim como aquele mesmo só é possível sob a condição desta. Paralelamente a esta dedução da forma do saber em geral recairia a dedução da forma que é determinada às partes constituintes particulares do conteúdo originário de todo

---

[40] Isto também vale contra a dedução de Reinhold destas formas, que, aliás, em sentido *formal*, é uma obra-prima da arte filosófica. Reinhold também teve que pressupor as formas da unidade e da multiplicidade, para poder deduzi-las ao lado das restantes. (N.A.)

saber por meio de sua forma originária; o que é bem natural, uma vez que o mesmo princípio fundamenta ao mesmo tempo o conteúdo e forma, e, justamente por isso, ao mesmo tempo a forma material e a formal (aquela que cabe ao conteúdo originariamente e aquela sob a qual ele é posto). Enesidemo parece ter tomado posse, com evidência triunfante, da dedução reinholdiana da forma originária do sujeito e do objeto. Pode-se, além disso — o que Enesidemo não fez —, perguntar por que Reinhold teria deduzido apenas uma espécie das formas do sujeito e do objeto subordinadas à forma originária e por que ele não teria deduzido a forma da representação.[41] Por meio de tal dedução completa de *toda* forma do sujeito, do objeto e da representação seriam eliminadas quase todas as objeções restantes de Enesidemo. Se está comprovado que a forma do sujeito em geral é a forma da incondicionalidade e que a do objeto é a da condicionalidade (por meio do sujeito), então segue por si mesmo que o sujeito se comporta no terceiro (da representação) em relação ao objeto sempre como o determinante em relação ao determinável (como unidade em relação a multiplicidade, realidade em relação a negação, possibilidade em relação a efetividade): em suma, todas as proposições restantes da *filosofia elementar* seguem concisamente e em uma conexão mais fácil do que na *teoria da faculdade de representação*, a partir daquela única proposição, a qual, contudo, não é fundamentada pelas deduções reinholdianas. — Mas eu estou começando a ultrapassar as fronteiras pré-estabelecidas.

* * *

---

41 Dito de passagem — cada representação é, como tal, segundo a modalidade, *necessária*, seu conteúdo seja qual for. Esta é a sua forma determinada pelas proposições fundamentais superiores.(N.A.)

POSFÁCIO

Toda a investigação da qual se deu uma amostra acima é necessariamente seca e, no início, promete pouco — mas não é assim, no início, com toda ciência? E não é justamente uma vantagem da ciência de todas as ciências partir de um pequeno ponto central cujos raios são infinitos segundo o número e a extensão? E a coisa de que se trata — atingir o último fim de toda pesquisa filosófica —, é ela comprada neste negócio sério a um preço muito caro ao se negar inicialmente todos os estímulos da imaginação?

Se a presente investigação não perdeu com a exposição que o autor pôde lhe dar, ele próprio é o que menos pode decidir. Que seja assim! Queiram aqueles que consideram esta tentativa digna de alguma atenção dirigi-la apenas ao objeto e esquecer o seu autor, o qual se alegra de poder, sem qualquer pretensão, entregar ao público estas folhas, bem como a sua maneira de exposição! Queiram especialmente não esbarrar nas expressões com que ele até agora falou — sem odiados rodeios — daquilo que os maiores filósofos de sua época deixaram aos pósteros! *Palavras* são mero som, e — ah, com demasiada frequência, apenas o metal que soa ou o címbalo que retine! — Ele deseja, ao contrário, que a nenhum de seus leitores seja totalmente estranho o sentimento que necessariamente ocasionará a perspectiva de uma unidade a ser finalmente atingida do saber, da crença e do querer — a última herança da humanidade, a qual ela em breve exigirá com tanto vigor como jamais o fez — em cada um que seja digno de ter ouvido ao menos uma vez a voz da verdade!

Os filósofos se queixaram com frequência que a sua ciência teria tão pouca influência sobre a vontade dos homens e sobre os destinos de toda a nossa espécie, mas será que eles pensaram sobre aquilo de que reclamam? Eles reclamam por não ter influência uma ciência que, como tal, não existia em parte alguma, por não se fazer uso de proposições fundamentais que apenas uma parte da humanidade considerava verdadeiras, e mesmo esta apenas sob aspectos bem distintos. Quem seguirá a liderança de uma guia que ele mesmo não se atreve a pensar como a única verdadeira, quem curará o mal da humanidade com um remédio do qual tantos ainda suspeitam e que pode ser encontrado com pessoas tão diferentes e com qualidade tão distinta? Procurem primeiramente no próprio homem as características em que todos devem reconhecer a verdade eterna, antes de chamá-la do céu para a terra em sua forma divina! Então todo o resto lhes será acrescentado!

Tübingen, 9 de setembro de 1794

SOBRE O EU COMO PRINCÍPIO DA FILOSOFIA OU SOBRE O INCONDICIONADO NO SABER HUMANO (1795)

Say first, of God above, or Man below,
What can we reason, but from what we know?
Of Man, what see we but his station here,
From which to reason, or to which refer?
Through worlds unnumber'd though the God be known.
'Tis ours, to trace him only in our own.

Pope, Essay on Man Ep. 1, 17[1]

---

[1] Antes dizei o que podemos pensar sobre Deus no céu e sobre o homem na terra, senão a partir do que sabemos? O que vemos do homem além de sua estada aqui, sobre que possamos pensar e a que possamos nos referir? Que Deus seja conhecido por meio de palavras sem fim. A nós nos resta esboçá-lo por nós mesmos."

PREFÁCIO

Em lugar de todos os pedidos com os quais um escritor pode se dirigir a seus leitores e examinadores, aqui se faz apenas um aos leitores e juízes deste escrito, não lê-lo ou lê-lo em todo seu conjunto[1] e guardar para si todo juízo ou julgar o autor somente de acordo com o todo, não de acordo com passagens isoladas do conjunto. Há leitores que apenas lançam um olhar sobre cada escrito para apreender apressadamente algo com que possam incriminar o autor ou encontrar uma passagem que não possa ser compreendida fora de seu lugar, com a qual possam provar, para qualquer um que não tenha lido o escrito por conta própria, que o autor escreveu insensatez. Assim, por exemplo, os leitores dessa espécie poderiam notar que no presente escrito frequentemente não se fala de Espinosa "como de um cachorro morto" (para utilizar a expressão de Lessing) e então já se sabe que a lógica de tais pessoas é fazer a rápida conclusão de que o autor procura revalidar os já há muito refutados erros de Espinosa. A *tais* leitores (se é que se pode aqui usar essa expressão) faço notar que, por um lado, este escrito está destinado a suspender em seu fundamento o *há não muito* refutado sistema espinosano ou muito mais a derrubá-lo por meio de seus próprios princípios, e, por outro lado, que o sistema espinosano, com todos os seus erros e, porém, suas audazes consequências, é-me infinitamente mais digno de consideração do que os caros sistemas de coalizão de nosso mundo erudito, que, remendados com os trapos de todos os sistemas possíveis, são a morte de toda filosofia verdadeira. Ao mesmo tempo, concedo com prazer a tais leitores que esses sistemas que sempre pairam apenas entre terra e céu e não são suficientemente corajosos para se lançarem ao último ponto de todo saber estão muito mais seguros

[1] Zusammenhang.

ante os erros mais perigosos do que o sistema do grande pensador cuja especulação toma voo livre e põe tudo em jogo, que quer a verdade *inteira* em sua completa grandeza ou não quer verdade alguma; diante disso, peço-lhes que, por outro lado, tenham em mente que quem não é audaz o suficiente para seguir a verdade até toda sua elevação pode até mesmo tocar aqui e ali as franjas de sua veste, mas nunca conquistará a ela mesma, e que a justa posteridade reservará ao homem que, ignorando o privilégio de erros toleráveis, teve a coragem de ir livremente ao encontro da verdade, um lugar muito acima dos temerosos que, para não se chocarem contra corais e bancos de areia, preferiram ficar para sempre ancorados.

Aos leitores de outra espécie, que por meio de passagens isoladas provam que o autor escreveu insensatez, gostaria de lembrar que abro mão das honras de certos escritores para os quais tanto faz o que *cada* palavra significa, dentro ou fora de seu contexto. Com toda humildade que me é possível, porém consciente de que devo à minha própria reflexão as ideias aqui apresentadas, acredito não fazer uma exigência descabida quando quero ser julgado apenas por leitores que pensam por si mesmos. Além disso, toda a investigação se faz sobre princípios e, por isso, só pode ser testada de acordo com *princípios*. Procurei apresentar os resultados da filosofia crítica em sua redução aos últimos princípios de todo saber. Portanto, a única pergunta que os leitores deste escrito devem responder para si mesmos é a seguinte: se aqueles princípios são verdadeiros ou falsos, e (sejam eles verdadeiros ou falsos) se os resultados da filosofia crítica seriam efetivamente fundamentados por meio deles. A este escrito eu desejaria tal exame que alcançasse os princípios; *esperá*-lo não posso de leitores para os quais toda verdade é indiferente ou que pressupõem que depois de *Kant* nenhuma investigação dos princípios seja possível e que os princípios mais elevados de sua filosofia já tenham sido estabelecidos por ele mesmo. A qualquer outro leitor — seja o seu sistema qual for — deve interessar a questão sobre os princípios mais elevados de todo saber, uma vez que seu sistema, mesmo que seja o sistema do ceticismo, só pode ser verdadeiro por meio de seus *princípios*. Nada se pode fazer com relação a pessoas que perderam todo interesse pela verdade, uma vez que apenas com a verdade se poderia confrontá-las; por outro lado, acredito poder fazer notar contra tais seguidores de *Kant*, que pressupõem que ele próprio já teria estabelecido os princípios de todo saber, que eles apreenderam as letras, mas não o espírito de seu professor, por não terem aprendido a ver que o caminho inteiro da *Crítica da razão pura* não poderia ser de maneira alguma o caminho da filosofia como ciência, que o ponto de onde ela parte, a existência[2] de representações originárias, possíveis não *pela* experiência, só deve poder ser explicável mediante princípios mais elevados; que, por exemplo, aquela necessidade e validade universal, estabelecida por *Kant* como seu caráter distintivo, não poderia ser fundada simplesmente no mero sentimento (e esse deveria ser necessariamente o caso se ela não fosse determinável por meio de princípios mais elevados, que mesmo o ceticismo, que não pode ser derrotado por qualquer necessidade *meramente sentida*, precisa pressupor); que, além disso, espaço e tempo, que devem ser apenas formas da intuição, não podem vir antes de toda síntese, e por isso não podem pressupor qualquer forma *mais elevada* de síntese,[3] que tampouco a síntese *subordinada*, derivada mediante *conceitos do entendimento*, seria pensável sem uma forma originária e um conteúdo originário, que devem estar no fundamento de *toda* síntese, uma vez que deva ser síntese. Isso chama ainda mais atenção porque as próprias deduções *kantianas* pressupõem à primeira vista princípios mais elevados. Assim, Kant chama espaço e tempo de únicas formas possíveis da intuição sensível ainda que não os tenha obtido de acordo com um princípio

---

[2] *Dasein.*
[3] Penso que Beck, no prefácio à segunda parte de seu comentário sobre Kant, expressa um pensamento semelhante. Mas ainda não posso julgar o quão perto ou distante os pensamentos deste comentador que penetrou tão profundamente no espírito de seu escritor estão dos meus próprios pensamentos. (N.A.)

(como, por exemplo, as categorias de acordo com o princípio das funções lógicas do juízo). É verdade que as categorias são ordenadas de acordo com a tábua das funções do juízo, essa mesma, porém, não segue a nenhum princípio. Observando-se mais atentamente, descobre-se que a síntese contida no juízo, assim como a expressa por meio das categorias, é apenas *derivada*, e que ambas só podem ser concebidas por meio de uma síntese originária que está no fundamento das duas (a síntese da multiplicidade na unidade da consciência em geral), e *essa* mesma, por sua vez, só pode ser concebida por meio de uma unidade absoluta mais elevada; portanto, a unidade da consciência não é determinável por meio das formas do juízo, que, por outro lado, juntamente com as categorias, são determináveis somente por meio do princípio daquela unidade. Da mesma maneira, as muitas contradições aparentes dos escritos kantianos, que há muito já deveriam ter sido concedidas aos opositores de Kant (especialmente na medida em que concernem às coisas em si), só podem ser conciliadas através de princípios mais elevados, que, em todos os lugares, o autor da crítica da razão pura apenas pressupõe. Embora a filosofia teórica de Kant afirme em todas as partes a mais concisa conexão, nenhum princípio comum liga filosofia teórica e filosofia prática, que não parece formar um e o mesmo edifício com a teórica, mas somente um edifício que, além de anexo à filosofia como um todo, se sujeita a constantes ataques do edifício principal; por outro lado, se o primeiro princípio da filosofia também é o seu último e se aquilo com que toda filosofia começa, inclusive a teórica, é ele mesmo o último resultado da filosofia prática, tendo aí todo saber um fim, toda a ciência deve se tornar possível em sua mais elevada perfeição e unidade.

Penso que só se pode dizer o que até aqui se disse com o objetivo de tornar compreensível a necessidade de uma exposição da filosofia kantiana guiada por princípios mais elevados; sim, acredito que seja justamente esse o caso, por se tratar de um escritor que *só* pode ser explicado de acordo com os princípios que ele mesmo deve ter pressuposto, ainda que se vá contra o sentido original de suas palavras para afirmar o sentido ainda mais original de seu pensamento. O presente escrito deve estabelecer esses *princípios*. Não me seria possível pensar em uma maior sorte para este escrito do que o exame de seus princípios; mesmo o exame mais rígido, se merecedor desse nome, eu o receberia com uma gratidão certamente correspondente à importância do objeto por ele tratado. O respeitável resenhista do escrito "Sobre a possibilidade de uma forma da filosofia em geral", publicada nos *Tübinger Gelehrte Anzeigen* (1795, 12. ed.), fez uma observação sobre o princípio ali estabelecido que vai diretamente ao encontro do verdadeiro ponto principal de toda a investigação. Acredito, porém, sanar suas dúvidas no escrito a seguir. Se o princípio estabelecido fosse realmente um princípio objetivo, seria impossível compreender como esse princípio não seria dependente de um mais elevado; a diferença do novo princípio está justamente em não dever ser um princípio *objetivo*. Estou de acordo com o resenhista quando ele diz que um princípio objetivo não pode ser o mais elevado, uma vez que tal princípio deve, mais uma vez, ser encontrado por meio de outro; a única questão em disputa entre mim e ele é a seguinte: não poderia haver um princípio que fosse, por excelência, não objetivo e que, todavia, fundamentasse toda a filosofia? Se realmente devêssemos contemplar aquilo que é o último em nosso saber como um quadro mudo fora de nós (conforme a comparação de Espinosa), então nunca saberíamos *que* sabemos; mas se esse é ele mesmo condição de todo saber, condição de seu próprio conhecimento e, portanto, tudo o que há de imediato em nosso saber,[4] então sabemos que sabemos exatamente por meio dele, achamos o princípio do qual Espinosa pôde dizer ser a luz que ilumina a si mesma e às trevas.

Para a filosofia em geral não fica bem corromper o juízo sobre os *princípios* por meio da prévia contagem de *resultados*, ou mesmo deixar que se meçam seus princípios conforme o interesse material da vida vulgar. No entanto, como um homem de boas intenções

---

[4] *Das einzige Unmittelbare in unserm Wissen.*

pode ainda perguntar aonde tais proposições fundamentais, que foram apresentadas como completamente novas, devem levar e se elas devem permanecer propriedade da escola ou se devem ser transmitidas para a própria vida, pode-se dar uma resposta a sua pergunta desde que não se queira antecipadamente determinar por meio dela o juízo sobre os princípios. Somente nesse sentido e em relação a certos leitores permito-me, em vista dos princípios que fundamentam o escrito a seguir, notar que uma filosofia fundamentada ela mesma na essência do homem não pode ser reduzida a fórmulas mortas, tampouco a qualquer outra entre as tantas prisões do espírito humano ou ser resumida a um artefato filosófico que simplesmente remete os conceitos disponíveis a outros mais elevados e enterra a obra viva do espírito humano em faculdades mortas; que ela, ao contrário, se posso dizê-lo com uma expressão de Jacobi, trata de desvendar e revelar a existência, que a sua *essência* deve ser *espírito*, não fórmula e letra; seu objeto mais elevado não pode ser aquilo que é intermediado por conceitos e arduamente resumido em conceitos, mas sim o imediato, aquilo que no homem é unicamente presente a si mesmo; que, além disso, sua intenção não é apenas uma reforma da ciência, mas sim a total mudança e a revolução dos princípios, que pode ser vista como a segunda possível no campo da filosofia. A *primeira* aconteceu quando o conhecimento de objetos foi estabelecido como princípio de todo saber; até a segunda revolução, cada mudança não foi uma mudança de princípios, mas sim um avanço de um objeto para o outro, e como é indiferente à humanidade, embora não à escola, a qual objeto ela serve, o avanço da filosofia de um objeto para o outro não pôde ser avanço do próprio espírito humano. Se for possível esperar de alguma filosofia influência sobre a vida humana, então só se pode esperá-la da nova filosofia — possível somente por meio da completa revolução dos princípios.

    Libertar a humanidade e afastá-la dos horrores do mundo objetivo é um ousado empreendimento da razão; mas a empresa não pode falhar porque o homem se torna maior na medida em que conhece a si mesmo e a sua força. Dai ao homem a consciência daquilo que ele é e ele logo aprenderá a ser aquilo que ele *deve* ser: dai-lhe estima *teórica* de si mesmo e logo seguirá a *prática*. Seria inútil esperar da boa vontade dos homens grandes progressos da humanidade, pois, para se tornarem melhores, eles precisariam já antes disso ser bons; por esse motivo, a revolução do homem deve partir da *consciência* de sua *essência*, ele deve ser teoricamente bom para tornar-se bom também na prática, e a melhor preparação para um modo de agir concordante consigo mesmo é o conhecimento de que a *essência* do homem consiste da unidade e só persiste por meio da unidade; pois o homem que chegou a essa convicção também logo verá que a unidade do querer e do agir deve lhe ser tão natural e necessária quanto a preservação de sua existência: e — para lá deve ir o homem, até onde a unidade do querer e do saber lhe seja tão natural quanto o mecanismo de seu corpo e a unidade de sua consciência.

Em uma época adormecida, que treme diante do despertar de qualquer força própria ao homem, não se deve prometer muito progresso a uma filosofia que estabelece como seu primeiro princípio a afirmação de que a essência do homem consiste unicamente na liberdade absoluta, que o homem não é uma coisa, não é um assunto e, de acordo com seu verdadeiro ser, de modo algum é um objeto; Já se tentou difamar o primeiro grande produto daquela filosofia, que a princípio parecia querer *resguardar* o espírito da época, reduzindo-a à antiga subordinação sob o domínio da verdade objetiva ou, no mínimo, forçando-a à admissão humilhante de que os *limites* dela não são efeitos da *liberdade* absoluta, mas simples consequências da reconhecida fraqueza do espírito humano e da restrição de sua faculdade de conhecimento. Mas seria uma omissão desonrosa para a filosofia se, com a nova e grande marcha a que deu início, ela mesma não esperasse traçar um novo caminho também para o espírito humano, dar força ao adormecido, coragem e força própria aos espíritos pesarosos e abatidos, abalar o escravo da verdade objetiva por meio do pressentimento da liberdade e ensinar ao homem, que em nada além de sua inconsequência é consequente, que ele só pode se salvar em virtude da unidade de sua conduta e da rígida obediência a seus princípios.

É difícil resistir ao entusiasmo quando se pensa o grande pensamento de que assim como todas as ciências, sem excluir as empíricas, cada vez mais se apressam em direção ao ponto da perfeita unidade, também a própria humanidade realizará como lei constitutiva o princípio da unidade, que, como princípio regulador, está no fundamento dela desde o início; assim como todos os raios do saber humano e as experiências de muitos séculos se concentrarão em um ponto da verdade e trarão para a efetividade a ideia já vislumbrada por diversos grandes espíritos de que ao fim todas as ciências devem se tornar uma única – da mesma maneira os diversos caminhos e descaminhos percorridos até hoje pelo gênero humano se encontrarão em um ponto no qual a humanidade se reunirá e obedecerá como uma pessoa perfeita à mesma lei da liberdade. Esse momento pode estar ainda muito longe e, por muito tempo, pode ser ainda possível gargalhar generosamente diante das audazes esperanças de progresso da humanidade — ainda assim, àqueles para quem essas esperanças não são uma tolice está reservada a grande obra de, por meio do comum trabalho no *aperfeiçoamento* das ciências, ao menos preparar aquele grande período da humanidade. Pois todas as ideias devem se realizar no campo do saber antes de se realizarem na história; e a humanidade nunca será uma antes de seu saber alcançar a unidade.

A natureza foi sabiamente cuidadosa com os olhos humanos ao dispor para que eles alcancem o dia pleno somente depois de passar pelo crepúsculo. Não espanta que nas regiões mais baixas reste ainda um pequeno nevoeiro enquanto as montanhas já brilham sob o sol. Mas o sol não pode faltar quando é chegada a aurora. Fazer surgir esse dia mais belo da ciência está reservado a poucos — talvez a um único —, mas que seja permitido ao indivíduo que pressente a chegada do novo dia alegrar-se previamente com ele.

Aquilo que eu disse no escrito a seguir e também neste prefácio, como bem sei, é demasiado para muitos homens, para mim mesmo é muito pouco; maior, porém, é o objeto de que tratam. Se debater sobre tal objeto foi uma audácia grande demais, a isso apenas o próprio escrito poderá dar justificativa — seja como for, qualquer resposta previamente dada seria esforço desperdiçado. É natural que um leitor que parte em busca de distorções e incompreensões possa achar deficiências o bastante; acredito, contudo, com o humilde pedido por uma avaliação rigorosa, deixar claro o bastante que não vejo antecipadamente toda censura como injusta e todo ensinamento como sem propósito. Sei tão bem que quis a verdade quanto estou consciente de que posso fazer mais, em uma área que não tem necessidade de trabalhos fragmentários; espero que a mim ainda se reserve um tempo feliz em que me seja possível dar realidade à ideia de oferecer uma contraparte à ética de Espinosa.

Tübingen, 29 de março de 1795

SUMÁRIO

1. Dedução de um último fundamento real de nosso saber em geral, §. 1
2. Determinação dele por meio do conceito do incondicionado. O incondicionado, a saber,
   a. não pode ser encontrado em um objeto absoluto
   b. nem no objeto condicionado por meio do sujeito ou no sujeito condicionado por meio do objeto,
   c. e de maneira nenhuma na esfera dos objetos, §. 2
   d. só pode, portanto, ser encontrado no eu absoluto. Realidade do eu absoluto em geral, §. 3
3. Dedução de todos os aspectos possíveis do incondicionado a priori.
   a. princípio do dogmatismo perfeito, §. 4
   b. princípio do dogmatismo e do criticismo imperfeitos, §. 5
   c. princípio do criticismo perfeito, §. 6
4. Dedução da forma originária do eu, da identidade e da proposição fundamental superior, §. 7
5. Dedução da forma de seu ser-posto — por meio de liberdade absoluta — na intuição intelectual, §. 8
6. Dedução das formas subordinadas do eu.
   a. segundo a quantidade – unidade, absoluta, em oposição
      aa. à multiplicidade
      bb. à unidade empírica, §. 9
   b. segundo a qualidade
      aa. realidade absoluta em geral em oposição
         α. à realidade afirmada das coisas em si, ou
         β. a um conjunto objetivo de toda realidade, §. 10
      bb. como realidade absoluta também infinitude absoluta.
      cc. como realidade absoluta também indivisibilidade absoluta.
      dd. como realidade absoluta também imutabilidade absoluta, §. 11.
   c. Segundo a relação
      aa. substancialidade absoluta, em oposição à derivada, empírica, §. 12
      bb. causalidade absoluta, imanente, §. 13 em oposição
         α. à causalidade do ser moral e
         β. racional-sensível, na medida em que este busca felicidade. Dedução dos conceitos de moralidade e felicidade, §. 14

51

d. Segundo a modalidade — ser absoluto puro em oposição ao ser empírico em geral e, a saber, em oposição
   aa. à eternidade empírica,
   bb. à efetividade meramente lógica
   cc. ou efetividade dialética
   dd. a toda determinação empírica do ser, possibilidade, efetividade, necessidade (ser-aí em geral)
   ee. ao ser absoluto afirmado das coisas em si — (por assim dizer, determinação dos conceitos de idealismo e realismo),
   ff. ao ser-aí do mundo empírico em geral, §. 15
7. Dedução das formas fundamentadas por meio do eu de toda ponibilidade.
   a. formas das proposições téticas em geral.
   b. determinação delas por meio das formas subordinadas.
      aa. segundo a quantidade — unidade.
      bb. segundo a qualidade — afirmação.
      cc. segundo a modalidade — ser puro (em que especialmente os conceitos originários do ser, do não-ser e do ser-aí são separados dos conceitos derivados de possibilidade, efetividade e necessidade, estes, contudo, observados em geral em referência ao eu finito), e ainda:
         α. aplicado ao moral, e
         α.α. o conceito de possibilidade , efetividade e necessidades práticas,
         β.β. é deduzido destes conceitos o conceito da liberdade transcendental e são elucidados os problemas em cujo fundamento ele está.
         β. ao sujeito teórico — em referência a sua vinculação final no mundo, §. 16

§. 1

Quem quer saber algo quer, ao mesmo tempo, que seu saber tenha realidade. Um saber sem realidade não é saber algum. O que se segue disso?

Ou o nosso saber deve ser sem realidade por excelência — um ciclo eterno, um fluxo permanente de todas as proposições particulares umas nas outras, um caos em que nenhum elemento se distingue — ou então:

Deve haver um último ponto da realidade, do qual tudo depende, de onde parte toda consistência e toda forma de nosso saber, que distingue os elementos e prescreve a cada um o círculo de sua eficácia progressiva no universo do saber.

Deve haver algo em que e por meio de que aquilo que aí está chega à existência,[1] tudo o que é pensado chega à realidade e o próprio pensar chega à forma da unidade e da imutabilidade. Este algo (como podemos, por agora, problematicamente descrevê-lo) teria que ser aquilo que dá perfeição[2] a todo o sistema do saber humano, ele teria que imperar por todas as partes em que ainda alcança nosso último pensar e conhecer — em todo o *kósmos* de nosso saber — ao mesmo tempo como fundamento originário de toda a realidade.

Se há em geral um saber, então deve haver um saber ao qual eu chego sem recorrer novamente a outro saber e unicamente por meio do qual todo outro saber é saber. Não precisamos pressupor um tipo especial de saber para chegar a esta proposição. Se simplesmente sabemos algo, então também devemos saber pelo menos algo a que chegamos não de novo por meio de outro saber e que contém ele mesmo o fundamento real de todo nosso saber.

Este último no saber humano, portanto, não pode ter que procurar seu fundamento real novamente em algo diverso, ele próprio não é apenas independente de algo mais elevado, mas,

---

[1] *Dasein.*
[2] *Vollendende.*

uma vez que nosso saber apenas ascende da consequência para o fundamento e, inversamente, progride do fundamento para a consequência, aquilo que é o mais elevado e para nós o princípio de todo conhecimento não deve ser conhecível mais uma vez por meio de outro princípio, ou seja, o princípio de seu ser e o princípio de seu conhecer[3] devem coincidir, devem ser *um*, pois só porque é ele mesmo e não qualquer outra coisa, ele pode ser pensado.

Portanto, ele deve ser pensado simplesmente porque é, e tem que ser porque ele próprio é pensado e não porque outra coisa qualquer é pensada: sua afirmação tem que estar contida em seu pensar, ele a deve produzir a si mesmo por meio de seu próprio pensar. Se fosse necessário pensar algo para chegar a seu pensar, então isso seria mais elevado do que o mais elevado, o que é contraditório: para chegar ao mais elevado, não preciso de nada além deste mais elevado — o absoluto só pode ser dado por meio do absoluto.

Assim, a nossa investigação se torna agora mais determinada. Não pomos originariamente nada mais do que um último fundamento da realidade de todo saber: ao mesmo tempo, já determinamos agora o seu ser por meio da característica segundo a qual ele teria que ser fundamento último e absoluto. O último fundamento de toda realidade é, pois, algo que é pensável apenas por meio de si mesmo, ou seja, por meio de seu ser, que só é pensado na medida em que é, em suma, na medida em que o princípio do ser e do pensar coincidem. A nossa pergunta já se deixa agora expressar bem determinadamente, e a investigação tem um fio condutor que nunca vai abandoná-la.

§. 2

Chamo de saber determinado um saber ao qual só posso chegar por meio de outro saber. A cadeia de nosso saber vai de um

---

[3] Permita-se esta expressão utilizada aqui em sentido geral enquanto aquilo que procuramos estiver determinado de maneira problemática. (N.A.)

determinado a outro; ou todo o saber não tem sustentação, tendo-se que acreditar que isso prossegue assim até o infinito, ou tem que haver algum ponto último do qual o todo depende, mas que, justamente por isso, a respeito do princípio de seu ser, se contrapõe diretamente a tudo que pertence à esfera do condicionado e não deve, portanto, ser apenas incondicionado, mas incondicionável por excelência.

Todas as teorias possíveis do incondicionado têm que se deixar determinar a priori quando a única correta for encontrada; enquanto esta mesma não for estabelecida, deve-se seguir o progresso empírico da filosofia; deve-se constatar apenas no final se todas as teorias possíveis se encontram nele.

Tão logo começa a se tornar ciência, a filosofia também tem que ao menos pressupor uma proposição fundamental mais elevada e com ela algum incondicionado.

Buscar o incondicionado no objeto, na coisa, não pode significar buscá-lo no conceito genérico de coisa. Pois é evidente que um conceito genérico não pode ser algo incondicionado. Portanto, isto deve significar o mesmo que buscar o incondicionado em um objeto absoluto, que não é gênero, nem espécie, nem indivíduo — (Princípio do dogmatismo perfeito).

Mas aquilo que é coisa também é objeto do conhecer e é, portanto, ele mesmo, um elo na cadeia de nosso saber, e pertence à esfera da cognoscibilidade e não pode, portanto, conter o fundamento real de todo saber e conhecer. Para chegar a um objeto como tal, eu devo já ter outro objeto ao qual este pode ser oposto, e se o princípio de todo saber está no objeto, então eu mesmo devo ter mais uma vez um novo princípio para achar este princípio.

Além disso, o incondicionado (§. 1) deve se realizar a si mesmo, produzir a si mesmo por meio de seu pensar; o princípio de seu ser e de seu pensar deve coincidir. Mas um objeto jamais se realiza a si mesmo; para chegar à existência de um objeto devo ultrapassar o conceito do objeto: sua existência não é uma parte de sua realidade: posso pensar sua realidade sem pô-lo ao mesmo tempo como existente. Assuma-se, por exemplo, que Deus, na medida em que é determinado como objeto, é o fundamento real de nosso saber, então ele mesmo pertence, na medida em que é objeto, à esfera de nosso saber, não pode ser para nós, portanto, o último ponto de que depende toda a esfera. Também não queremos saber o que Deus é para si mesmo, mas sim o que é para nós em referência a nosso saber; Deus pode ainda assim ser para si mesmo o fundamento real de seu saber, mas para nós ele não o é, porque ele mesmo é objeto para nós, pressupõe, portanto, na cadeia de nosso saber, algum fundamento que lhe determine a sua necessidade para ele.

O objeto em geral, como tal, jamais determina para si mesmo a sua realidade, justamente porque e na medida em que é objeto; pois ele só é objeto na medida em que sua realidade lhe é determinada por algo diverso: sim, na medida em que é objeto, ele necessariamente pressupõe algo em referência a que ele é objeto, ou seja, um sujeito.

Por enquanto, chamo de objeto aquilo que só é determinável em oposição, mas também em referência a um objeto já posto. Objeto é aquilo que só é determinável em oposição, mas também em referência a um sujeito. Portanto, se o objeto em geral não pode ser o incondicionado, por necessariamente pressupor um sujeito que lhe determina sua existência[4] por meio da saída da esfera de seu mero vir a ser pensado,[5] assim, o próximo pensamento é buscar o incondicionado no objeto pelo sujeito, pensável somente em referência a este, ou, uma vez que o objeto pressupõe necessariamente o sujeito e o sujeito necessariamente pressupõe o objeto, procurá-lo no sujeito determinado pelo objeto, pensável somente em referência a este. Mas esta tentativa de realizar o incondicionado encerra em si uma contradição evidente à primeira vista. Justamente porque o sujeito só é pensável em referência a um objeto, o objeto somente em referência a um sujeito, nenhum dos dois pode conter o incondicionado; pois ambos são recipro-

[4] *Dasein.*
[5] *Gedachtwerden.*

camente condicionados um pelo outro, ambos são postos como iguais. Para determinar a relação entre os dois, também deve ser necessariamente pressuposto um fundamento de determinação[6] mais elevado, por meio do qual ambos são condicionados. Pois não se pode dizer que o sujeito determina sozinho o objeto; pois o sujeito só é pensável em referência a um objeto, assim como o objeto só é pensável em referência a um sujeito, e daria no mesmo se eu quisesse fazer do incondicionado o sujeito condicionado por um objeto ou o objeto condicionado por um sujeito, sim, o sujeito é, ele mesmo, simultaneamente condicionável como objeto, e assim também falharia esta tentativa de fazer do incondicionado o sujeito, de maneira tão infeliz quanto a aplicada ao objeto absoluto.

A nossa pergunta: onde o incondicionado deve ser buscado, esclarece-se agora pouco a pouco e por si mesma. Inicialmente perguntávamos apenas: em qual objeto determinado, na esfera dos objetos, o incondicionado deve ser buscado; e mostra-se então que ele não deve ser buscado em parte alguma da esfera dos objetos e nem mesmo no sujeito, que é igualmente determinável como objeto.

§. 3

A formação filosófica das línguas, que ainda se torna visível principalmente nas línguas originárias, é uma verdadeira maravilha feita pelo mecanismo do espírito humano. Assim, a nossa palavra alemã *condicionar*,[7] até aqui usada involuntariamente, ao lado das dela derivadas, é de fato uma palavra primorosa, da qual se pode dizer que contém quase todo o tesouro da verdade filosófica. *Condicionar* chama-se a ação por meio da qual algo se torna *coisa*,[8] *condicionado*,[9] aquilo que foi *feito* coisa, por meio

---
[6] *Bestimmungsgrund.*
[7] *Bedingen.*
[8] *Ding.*
[9] *Bedingt.*

disto fica ao mesmo tempo claro que nada pode ser posto como *coisa por si mesmo*, ou seja, que uma coisa incondicionada[10] é uma contradição. *Incondicionado* é, pois, aquilo que não foi feito coisa, que nem pode se tornar coisa.

O problema cuja solução propomos, portanto, se torna agora mais determinado: achar algo que por excelência não pode ser pensado como coisa.

O incondicionado, portanto, não pode estar na coisa em geral, nem naquilo que pode vir a ser coisa, no sujeito, portanto só pode estar naquilo que não pode *de maneira alguma* vir a ser coisa, ou seja, se há um eu absoluto, ele só pode estar no eu *absoluto*. Portanto, o *eu absoluto* será determinado por enquanto como aquilo que *jamais pode se tornar objeto*. Por enquanto ele não deve ser mais determinado do que isso.

Que há um eu absoluto não se deixa simplesmente provar *objetivamente*, ou seja, pelo eu como objeto, pois é bem isto que deve ser provado, que ele nunca poderia se tornar um objeto. O eu, se deve ser incondicionado, tem que estar fora de toda esfera da demonstrabilidade objetiva. *Provar* objetivamente que o eu é incondicionado seria provar que ele é condicionado. O princípio de seu ser e o princípio de seu pensar devem coincidir no incondicionado. Ele é simplesmente porque é, ele é pensado simplesmente porque é pensado. O absoluto só pode ser dado por meio do absoluto, sim, se deve ser absoluto, ele mesmo deve antecipar todo pensar e representar, e ser realizado somente *por meio de si mesmo* (§. 1) e não primeiramente por meio de provas objetivas, ou seja, ultrapassando seu conceito. Se o eu não devesse ser realizado *por meio de si mesmo*, então a proposição que expressa seu ser teria que ser esta: se eu sou, então eu sou. Mas a condição desta proposição já encerra ela mesma o condicionado: a condição não é *pensável* sem o condicionado, não posso pensar-*me* sob a *condição* de meu ser sem já pensar-me como já sendo. Naquela proposição, portanto, a condição não

[10] *Ein unbedingtes Ding.*

condiciona o condicionado, mas, inversamente, o condicionado condiciona a condição, ou seja, ele suprime[11] a si mesmo como proposição condicionada e torna-se condicionado: *eu sou porque eu sou*.[12]

Eu sou! Meu eu contém um ser que antecede todo pensar e representar. Ele é ao ser pensado e é pensado porque é; por isso, porque só é e só é pensado na medida em que pensa *a si mesmo*. Ele é, portanto, porque só pensa *a si mesmo* e só ele pensa a si mesmo porque é. Ele produz a si mesmo por meio de seu pensar — a partir de causalidade absoluta.

Eu sou porque eu sou! Isto arrebata a cada um repentinamente. Dizei-lhe: *o eu é porque é*, então ele não compreenderá tão rapidamente; porque o eu só é na medida em que é *por meio de si mesmo*, só é incondicionado na medida em que é *incondicionável*, ou seja, nunca pode vir a ser coisa, nunca pode vir a ser objeto. O que é objeto espera sua existência de algo que reside fora da esfera de seu mero vir a ser pensado; o eu sozinho não é nada, não é nem mesmo pensável sem que seu ser também seja posto, pois ele *só é pensável na medida em que pensa a si mesmo, ou seja, na medida em que é*. Portanto, também não podemos dizer: tudo que pensa é, porque o pensante seria assim determinado como objeto, mas apenas: eu penso, eu sou. (Esclarece-se a partir disso que, tão logo tomemos como objeto lógico aquilo que jamais pode vir a ser objeto e queiramos empreender investigações sobre isso, estas investigações devem ter uma *incompreensibilidade* bem própria. Pois ele não pode ser compreendido como objeto por excelência e se uma intuição não viesse em nossa ajuda, que, na medida em que estamos presos a objetos em nosso conhecer, nos é tão estranha quanto o eu, o qual nunca pode vir a ser objeto, não poderíamos nem mesmo falar a este respeito, não poderíamos nos tornar compreensíveis uns para os outros.)

---

[11] *Hebt auf.*
[12] Eu sou! é o único por meio de que ele se anuncia em poder próprio incondicionado. (N.A).

Portanto, o eu só é dado como incondicionado *por meio de si mesmo*.[13] Contudo, se ele é ao mesmo tempo determinado como aquele que impera por meio do sistema completo de meu saber, então deve ser possível um *regresso*, ou seja, eu devo poder *alcançar* o incondicionado mesmo que parta da proposição determinada mais baixa, assim como, inversamente, posso *descer*, na séria das proposições condicionadas, da proposição incondicionada até a mais baixa.

Assim, tome-se da séria das proposições condicionadas qualquer uma que se quiser e ela deverá conduzir, no regresso, ao eu absoluto. Então, para fazer retornar um dos exemplos anteriores, o conceito de sujeito deve conduzir ao *eu absoluto*. Se não houvesse um eu absoluto, então o conceito de *sujeito*, ou seja, o conceito de um eu condicionado por meio de um *objeto*, seria o mais elevado. Mas, uma vez que o conceito de objeto contém uma antítese, então ele mesmo deve originariamente ser determinado apenas em oposição a um outro, que *exclui* por excelência seu conceito, e não pode, portanto, ser determinável meramente em oposição ao sujeito, que só é pensável *em referência* a um *objeto*, portanto sem *exclusão* dele; com isso, o próprio conceito de objeto, e o conceito de sujeito, que só é pensável em referência a este conceito, deve conduzir a um absoluto, que é por excelência contraposto a todo objeto e exclui todo objeto. Suponha-se que

---

[13] Talvez eu possa tornar a coisa mais clara se retomar o exemplo utilizado acima. Deus não pode ser para mim o fundamento real de meu saber na medida em que é determinado como objeto, porque ele mesmo pertence assim à esfera do saber condicionado. Mas se eu, por outro lado, determinasse Deus não como objeto, mas como = eu, então ele seria o fundamento real de meu saber. Mas tal determinação de Deus é impossível na filosofia teórica. Se for necessária, contudo, mesmo na filosofia teórica, que determina Deus como objeto, ao mesmo tempo uma determinação de sua essência como = eu, então tenho que admitir que Deus é para si fundamento real absoluto de seu saber, mas não para mim, pois para mim ele não é determinado na filosofia teórica simplesmente como eu, mas também como objeto, uma vez que ele, por outro, se for = eu, não é objeto algum para si mesmo, mas apenas eu. Para falar de maneira corriqueira, vê-se aqui que se apresenta a prova ontológica da existência de Deus de maneira muito falsa como simples engano artificial: ao contrário, o engano é de todo natural. Pois o que pode dizer eu! Para si mesmo, também diz: eu sou! Pena que Deus é determinado na filosofia teórica não como idêntico ao meu eu, mas como objeto em relação a este, e uma prova ontológica da existência de um objeto é um conceito contraditório. (N.A.)

um objeto seja posto originariamente, sem que antes de todo outro pôr seja posto um eu absoluto por excelência, então aquele objeto posto originariamente não pode ser determinado como *objeto*, ou seja, como contraposto ao eu, pois nada pode ser contraposto ao que não é posto. Com isso, um objeto posto antes de todo eu *não* seria um objeto, ou seja, aquela admissão é suprimida por si mesma. Suponha-se, por outro lado, que um eu já suprimido pelo objeto seja posto originariamente, ou seja, um *sujeito*, então esta admissão também destrói a si mesma; pois, onde não é posto nenhum eu absoluto ele não pode ser suprimido, e se não houvesse um eu *antes* de todo objeto, então não haveria objeto algum por meio do qual o *eu* poderia ser posto como já suprimido. (Representamos uma cadeia do saber, que é inteiramente condicionada e que ganha sustentação somente em um ponto incondicionado superior. O condicionado na cadeia só pode ser em geral pensado por meio da pressuposição da condição absoluta, isto é, do incondicionado. Com isso, o condicionado não pode ser posto antes do incondicionado (incondicionável), mas somente *por meio* deste, na *contraposição* ao mesmo, como *condicionado* e, portanto, uma vez que é posto *apenas* como condicionado, só é pensável por meio daquilo que não é coisa alguma, ou seja, do que é incondicionado). Portanto, o objeto mesmo só é originariamente determinável em oposição ao eu absoluto, ou seja, meramente como o contraposto ao eu, como *não-eu*: e os conceitos de sujeito e objeto são eles mesmos garantias do eu absoluto incondicionado.

§. 4

Se o eu é determinado como o incondicionado no saber humano, então o conteúdo inteiro de todo saber deve se deixar determinar por meio do próprio eu e da contraposição ao eu: e assim também se devem esboçar todas as teorias possíveis do incondicionado *a priori*.

Se o eu é o absoluto, então o que não é eu só pode ser determinado em oposição ao eu e, portanto, sob pressuposição do eu, e um não-eu posto por excelência e não *contraposto* é uma contradição. Se, por outro lado, o eu não é pressuposto como o absoluto, então o não-eu pode ser posto antes de todo eu, ou ele pode ser posto como igual ao eu. Um terceiro não é possível. Os dois extremos são dogmatismo e criticismo. O princípio do dogmatismo é um não-eu posto antes de todo eu, o princípio do criticismo é um eu posto antes de todo não-eu, e com exclusão de todo não-eu. Em meio aos dois, no centro, encontra-se o princípio do eu condicionado por meio de um não-eu, ou, o que é o mesmo, de um não-eu condicionado por meio de um eu.

1) o princípio do *dogmatismo* contradiz a si mesmo (§. 2), uma vez que pressupõe uma coisa incondicionada, ou seja, uma coisa que não é coisa alguma. Com o dogmatismo, portanto, não se obtém nada por meio de consequência (a primeira exigência de uma filosofia verdadeira), além de que o que não é eu venha a ser eu e o que é eu venha a ser não-eu, como é o caso também em Espinosa. Mas nenhum dogmático provou ainda que um não-eu possa dar a si mesmo realidade e possa significar alguma coisa fora da mera contraposição a um eu absoluto. Também Espinosa não provou em lugar algum que o incondicionado poderia e deveria residir no não-eu; em vez disso, conduzido por seu conceito do absoluto, ele o põe diretamente em um objeto absoluto, como se, por assim dizer, pressupusesse que cada um que lhe tivesse concedido por uma vez o conceito do incondicionado, também admitiria por si mesmo que ele devesse necessariamente ser posto em um não-eu. Entretanto, depois de ter pressuposto *esta* proposição, sem prová-la, ele cumpriu o dever da coerência de maneira tão rigorosa quanto talvez nenhum de seus adversários o tenha. Pois repentinamente se revela que ele — contra sua vontade, por assim dizer, por meio da mera força de sua coerência que não estremece diante de nenhuma consequência de proposições fundamentais admitidas — elevou o próprio não-eu ao eu e rebaixou o eu ao

não-eu. Nele, o mundo não é mais mundo, o objeto absoluto jamais é objeto; nenhuma intuição sensível, nenhum conceito atinge sua substância única, somente para a intuição intelectual ela é presente em sua infinitude. Por isso, o seu sistema pode ser substituído em toda parte e ao longo de toda a nossa investigação pelo sistema do dogmatismo completo. Nenhum filósofo foi tão digno quanto ele ao perceber a grande incompreensão: percebê-lo e acertar o alvo — para ele era o mesmo. Nenhuma acusação é mais insuportável do que a que se fez tão frequentemente contra ele, a de que ele pressuporia a ideia de substância absoluta arbitrariamente e apenas mediante uma explicação arbitrária das palavras. Entretanto, é certamente mais fácil pôr abaixo todo um sistema por meio de uma pequena observação gramatical do que penetrar até seu último fundamento, que, mesmo errado, deve poder ser descoberto em algum lugar do espírito humano. — O primeiro a ver que o erro de Espinosa não estava naquela ideia, mas sim em tê-la posto fora de todo eu, o compreendeu e achou o caminho para a ciência.

§. 5

2) O sistema que parte do sujeito, ou seja, do eu pensável apenas em referência a um objeto, que, portanto, não deve ser nem dogmatismo nem criticismo, contradiz-se em seu princípio, na medida em que este é o princípio *mais elevado*, tanto quanto o dogmatismo. Ainda assim vale a pena continuar a perseguir a origem deste princípio.

Pressupunha-se — um pouco apressadamente — que o princípio superior de toda filosofia deveria expressar um *fato*. Entendia-se sob fato, segundo todo uso da língua, algo que está fora do eu puro e absoluto (portanto, na esfera do *condicionado*), com que surgiu necessariamente a questão: qual deve ser o princípio deste fato? — Um fenômeno ou uma coisa em si? — Esta foi a segunda pergunta que se pôde fazer, uma vez que se estava no mundo dos *objetos.* — Um fenômeno. — Qual deve ser o princípio deste fenômeno? — (se, por exemplo, a representação, que só é ela mesma fenômeno, fosse estabelecida como princípio de toda filosofia). De novo um fenômeno, e assim até o infinito? — Ou se queria que aquele fenômeno, que deveria ser princípio do fato, não pressupusesse nenhum outro fenômeno? — Ou uma coisa em si? — Vejamos a coisa mais precisamente!

A *coisa em si* é o não-eu posto antes de todo eu. — (A especulação exige o incondicionado. Agora, se a pergunta por onde o incondicionado está decidiu-se em parte pelo eu, em parte pelo não-eu, então os dois sistemas devem prosseguir bem parecidos: em suma, deve-se poder trocar todas as proposições, basta que se ponha, no primeiro caso, não-eu em vez de eu, no segundo, eu em vez de não-eu; onde tenha se podido fazê-lo sem danos ao sistema, um dos dois deve ter sido inconsequente.) *Fenômeno* é o não-eu determinado pelo eu.

Se o princípio de toda filosofia deve ser um fato e o princípio deste uma *coisa em si*, então todo eu é assim suprimido, não há mais um eu puro, nenhuma liberdade, nenhuma realidade — nada mais do que negação no eu. Pois ele é originariamente suprimido se um não-eu for posto absolutamente, assim como, inversamente, se o eu for posto absolutamente, todo não-eu é originariamente suprimido e posto como mera negação. (O sistema que parte do *sujeito*, isto é, do eu condicionado, deve, portanto, necessariamente pressupor uma coisa em si, que, contudo, na representação, ou seja, como objeto, só pode ocorrer em referência ao sujeito, ou seja, como fenômeno, em suma, ele decai em um realismo que é o mais incompreensível, o mais inconsequente de todos.)

Se o último princípio daquele fato deve ser um fenômeno, então ele imediatamente suprime a si mesmo como princípio mais elevado; pois um fenômeno incondicionado é uma contradição, e todos os filósofos que tomaram um não-eu como princípio de sua filosofia, elevaram-no simultaneamente a um não-eu absoluto, posto independentemente de todo eu, ou seja, a uma coisa em si.

Seria estranho ouvir da boca de tais filósofos que afirmam a liberdade do eu uma afirmação de que o princípio de toda filosofia teria que ser um fato, se efetivamente se pudesse pressupor que eles tivessem pensado como próxima consequência de tal afirmação também a afirmação de que o princípio de toda filosofia teria que ser um não-eu.

(Esta consequência é necessária. Pois se o eu é posto apenas como sujeito, ou seja, como condicionado, ele não pode ser o princípio. Então, ou toda filosofia deve ser suprimida como ciência incondicionada junto com este princípio, na medida em que ele deve ser *o mais elevado possível*, ou o objeto deve ser pressuposto como originário e independente de todo eu, de maneira que o eu deva ser determinado pela possibilidade de ser posto apenas em oposição a algo absoluto, portanto, como um nada absoluto.)

Só aqueles filósofos quiseram efetivamente um eu ao invés de um não-eu como princípio da filosofia, mas o conceito de fato não deveria ser abandonado por isso. Para escaparem do dilema diante do qual se encontravam, tiveram então que escolher como princípio de toda filosofia o eu, mas não o absoluto e sim o empírico-condicionado. O que poderia estar mais à mão? Eles tinham agora um eu como princípio da filosofia — sua filosofia não era um dogmatismo, mas, ao mesmo tempo, eles tinham um fato, pois quem poderia negar que o eu empírico é o princípio de um fato?

Mas só foi possível contentar-se com isso por algum tempo. Pois, vendo-se mais de perto, notou-se que nada foi obtido ou que se tinha novamente apenas um não-eu como princípio da filosofia. É por si mesmo evidente que tanto faz se parto do eu condicionado pelo não-eu ou se parto do não-eu condicionado pelo eu. O eu determinado pelo não-eu é algo a que, um pouco mais tarde, o dogmatismo também tem que chegar, sim, algo a que toda filosofia necessariamente conduz. Todos os filósofos também deveriam necessariamente explicar o eu condicionado pelo não-eu da mesma maneira, se não estabelecessem, antes desse fato (o ser-condicionado do eu), algo mais elevado como condição (fundamento de explicação) do eu condicionado e do não-eu, a respeito do qual secretamente discordam; o que agora não pode ser mais nada senão um não-eu não condicionado por meio do eu ou um eu (absoluto) não condicionado pelo não-eu. Mas este foi posto há pouco como suprimido por meio do estabelecimento do *sujeito* como princípio da filosofia; com isso, por se querer ser consequente, toda outra determinação desta proposição fundamental teve que ser abandonada, ou seja, toda filosofia, ou teve que ser admitido um não-eu absoluto, ou seja, o princípio do dogmatismo e, portanto, novamente um princípio que contradiz a si mesmo (§. 4.). Em suma, se deveria ser o mais elevado, para onde se dirigisse o princípio teve que esbarrar em contradições, que só puderam ser em alguma medida escondidas em virtude de inconsequência e provas precárias. E assim teria surgido paz no mundo filosófico, se em algum momento os filósofos estivessem de acordo sobre este princípio como *o mais elevado*; por meio da mera análise dele, logo se entraria em acordo, e assim que alguém saísse dele e tentasse explicar sinteticamente a partir dele o fato analisado de uma determinação do eu pelo não-eu e do não-eu pelo eu (pois não se iria mais longe pela simples análise) teria quebrado o contrato e pressuposto um princípio mais elevado.

Observação. Como se sabe, esta tentativa de elevar o eu empírico-condicionado (que ocorre na consciência) a princípio da filosofia foi empreendida por Reinhold. Mencionar esta tentativa sem o grande respeito que lhe é devido seria uma demonstração de pouca compreensão da marcha necessária de todas as ciências, ainda que a filosofia tenha avançado em relação a ela. Ela não foi destinada a solucionar o verdadeiro problema da filosofia, mas sim a representá-lo da maneira mais determinada, e quem não sabe qual efeito tal representação determinada do verdadeiro ponto de disputa pode diretamente ocasionar na filosofia, em que esta determinação normalmente só vem a ser possível por meio de uma feliz antevisão da verdade a ser descoberta. Mesmo o autor da *Crítica da razão pura*, em sua intenção de finalmente apaziguar a disputa dos filósofos e, não apenas deles, mas também da própria filosofia, não soube fazer nada antes de determinar o verdadeiro ponto de disputa que a fundamentava em uma questão compreendendo tudo, a qual foi assim expressa por ele: como são possíveis juízos sintéticos *a priori*? Será mostrado ao longo desta investigação que esta questão, representada em sua mais elevada abstração, não é outra senão esta: como o eu absoluto vem a sair de si mesmo e a contrapor a si um não-eu por excelência? Era claro que a questão seria incompreendida enquanto não fosse representada em sua mais elevada abstração, bem como a resposta a ela. Portanto, a próxima conquista que uma cabeça filosofante poderia realizar foi claramente a de representar a própria questão em uma abstração mais elevada e assim preparar a resposta a ela de maneira mais segura. Esta distinção foi efetivamente conquistada pelo autor *da teoria da faculdade de representação* por meio do estabelecimento da proposição fundamental da consciência; nela foi alcançado o último grau da abstração em que foi preciso permanecer antes de se poder chegar ao que é mais elevado do que toda abstração.

§. 6

O sistema completo da ciência parte do *eu* absoluto, excludente de tudo que é contraposto. Enquanto uno[14] incondicionável, este condiciona toda a cadeia do saber, descreve a esfera de todo o pensável e impera em todo o sistema de nosso saber como realidade absoluta que tudo compreende. Apenas por meio de *um* eu absoluto, apenas por ele ser pura e simplesmente posto, torna-se possível que um não-eu lhe seja contraposto, que a própria filosofia se torne possível; pois todo o empreendimento da filosofia teórica

[14] *Das Eine.*

e prática não é outro senão a solução do conflito entre o eu puro e o empírico-condicionado.[15] Para solucionar este conflito, aquela prossegue de síntese em síntese, até a mais elevada possível, em que eu e não-eu são postos como iguais (Deus), em que, uma vez que a razão teórica acaba em sonoras contradições, entra a prática, não para desatar o nó, mas ao menos cortá-lo mediante exigências absolutas.

Se, consequentemente, o princípio de toda filosofia deve ser o eu empírico-condicionado (em que, no fundo, dogmatismo e criticismo incompleto concordam), então, toda espontaneidade do eu, teórico e prático, seria completamente inexplicável. O eu teórico, nomeadamente, esforça-se para pôr eu e não-eu como iguais, para elevar o *próprio* não-eu à forma do eu; o prático esforça-se por pura unidade, com *exclusão* de todo não-eu — ambos apenas na medida em que o eu absoluto tem causalidade absoluta e identidade pura. Portanto, o último princípio da filosofia não pode ser, por excelência, nada que fique fora do eu absoluto, não pode ser nem fenômeno nem coisa em si.

O eu absoluto não é um fenômeno; pois a isto já contradiz o conceito do absoluto; mas ele também não é fenômeno nem coisa em si porque não é coisa *alguma*, mas sim, por excelência, eu, e é meramente eu aquilo que exclui todo não-eu.

O último ponto de que depende todo nosso saber e toda a série do condicionado não deve, por excelência, ser condicionado por nada mais. O todo de nosso saber não tem sustentação se não é sustentado por algo que se mantém por força própria, e este não é nada senão o efetivo mediante liberdade. O início e o fim de toda filosofia — *liberdade!*

---

[15] A palavra empírico é de costume tomada em um sentido muito restrito. Empírico é tudo que é contraposto ao eu puro, que em geral se refere, portanto, a um não-eu, mesmo a contraposição originária de um não-eu, fundamentada no próprio eu, ação pela qual aquele primeiramente se torna possível. Puro é aquilo que vale sem qualquer referência a objetos. É conforme a experiência aquilo que só é possível por meio de objetos. *A priori* é aquilo que só é possível em referência a objetos (e não por meio deles). Empírico aquilo que por meio de que objetos são possíveis. (N.A.)

§. 7

Até agora determinamos o eu meramente como aquilo que não pode ser objeto *para si mesmo* e que, para algo fora dele, não pode ser nem objeto nem não objeto, ou seja, *nada* que obtenha, como os objetos, sua realidade por meio de algo externo à sua esfera, mas que a obtém única e exclusivamente *por meio de si mesmo*. Este conceito do eu também é o mesmo por meio do qual ele é caracterizado como o absoluto, e toda a nossa investigação seguinte não é nada senão mero desenvolvimento dele.

Se o eu não é igual a si mesmo, a sua forma originária não é a forma da pura identidade, com o que tudo que parecíamos ter ganhado até agora é novamente suprimido. Pois o eu é apenas porque é. Portanto, se ele não fosse pura identidade, ou seja, por excelência apenas aquilo que é, então ele também poderia ser posto não *por si* mesmo, ou seja, por ser assim, poderia ser também aquilo que *não* é. Mas o eu ou não é ou é apenas por meio de si mesmo. Portanto, a forma originária do eu deve ser a pura identidade.

Apenas aquilo que é *por meio de si mesmo* dá a si mesmo a forma da pura identidade, pois apenas aquilo que é por excelência porque é, é condicionado, segundo seu ser, por meio de identidade, ou seja, por meio de si mesmo; uma vez que, por outro lado, a existência de cada outro existente não é determinada meramente por sua identidade, mas por meio de algo fora dele. Mas se não houvesse algo que é por meio de si mesmo, cuja identidade é a única condição de seu *ser*, então em toda parte também não haveria nada idêntico consigo mesmo; pois apenas aquilo que é por meio de sua identidade pode atribuir identidade a tudo mais que é; apenas em um absoluto, posto como idêntico por meio de seu próprio ser, tudo o que é pode chegar à unidade de sua essência. Como deveria ser posto algo em geral se tudo o que pode ser posto[16] fosse mutável e não fosse admitido nada incondicionado, imutável, em que e por

---

[16] *Alles Setzbare.*

meio de que tudo que pode ser posto obtivesse consistência e imutabilidade; o que quer dizer *pôr* algo, se todo pôr, toda existência,[17] toda efetividade se dispersasse ininterruptamente no infinito e não houvesse um ponto em comum da unidade e da permanência,[18] que não tivesse obtido identidade absoluta mais uma vez por meio de um outro, mas apenas por meio de si mesmo, por meio de seu mero ser, para reunir todos os raios da existência no centro de sua identidade e conservar tudo o que é posto na órbita de seu poder.

É só o eu, portanto, que atribui unidade e constância a tudo que é; toda identidade cabe apenas ao que é posto no eu, e a este apenas *na medida em que* é posto no eu.

Toda forma mesma da identidade (A = A) é, assim, primeiramente fundada pelo eu absoluto. Se esta forma (A = A) *antecedesse* ao próprio eu, então A só poderia expressar o que é posto *fora* do eu, mas não o que é posto no eu, com isso, aquela forma estaria para a forma dos objetos, como tais, e o próprio eu estaria sob ela, como um objeto determinado por meio dela. O eu não seria o absoluto, mas condicionado e subordinado, como subespécie particular, ao conceito genérico dos objetos (às modificações do não-eu absoluto, o único idêntico).

Uma vez que o eu, segundo a sua essência, é posto como identidade absoluta por meio de seu mero ser, então tanto faz se a proposição fundamental mais elevada é expressa assim:

Eu sou eu, ou: eu sou!

§. 8

O eu não se deixa determinar senão na medida em que é *incondicionado*, pois ele é eu meramente por meio de sua incondicionalidade, por pura e simplesmente não poder vir a ser *coisa*. Ele se esgota com o esgotamento de sua incondicionalidade. Uma

---

[17] *Dasein.*
[18] *Beharrlichkeit.*

vez que é meramente por meio de sua incondicionalidade, ele seria suprimido[19] se qualquer predicado pensável em relação a ele fosse pensável senão por meio de sua incondicionalidade, ou seja, contradizendo-a ou pressupondo algo ainda mais elevado, em que ambos, o incondicionado e o predicado pressuposto, fossem unidos.

A essência do eu é a liberdade, ou seja, ela não é pensável de outra maneira senão na medida em que põe a si mesma a partir do poder próprio absoluto,[20] não como *algo* qualquer, mas como simples *eu*. Esta liberdade se deixa determinar positivamente, pois não queremos atribuir liberdade a uma coisa em si, mas ao eu puro, posto por meio de si mesmo, presente unicamente a si mesmo e que exclui todo não-eu. Ao eu não é atribuída uma liberdade objetiva, porque ele não é um objeto; tão logo queiramos determinar o eu como *objeto*, ele recua para a esfera mais limitada, sob as condições da determinação recíproca[21] — desaparecem sua liberdade e sua autonomia. Objeto só é possível por meio de objeto e apenas na medida em que é preso a condições — a liberdade só é por meio de si mesma e abrange o infinito.

Portanto, não somos mais ignorantes em relação à liberdade objetiva do que a respeito de todo conceito que contradiz a si mesmo. A incapacidade de pensar uma contradição, contudo, não é uma ignorância. Portanto, aquela liberdade do eu também se deixa determinar positivamente. Para o eu ela não é nem mais nem menos do que pôr incondicionado de toda realidade em si mesma por meio do poder próprio absoluto. — Ela é determinável *negativamente* como independência completa, sim, até mesmo como completa incompatibilidade com todo não-eu.

Exigis ainda que sejais conscientes desta liberdade? Também pensai, contudo, que somente por meio dela toda a vossa consciência é possível e que a condição não pode estar contida no

---

[19] *Aufgehoben.*
[20] *Aus absoluter Selbstmacht.*
[21] *Wechselbestimmung.*

condicionado? Pensai, por ventura, que o eu, na medida em que ocorre na consciência, não é mais puro eu absoluto, que para o eu absoluto não pode haver objeto em lugar algum e que ele próprio não pode se tornar objeto? —*Autoconsciência* pressupõe o perigo de se perder o eu. Não é um ato livre do imutável, mas um esforço proveniente do *eu* mutável, que, condicionado pelo não-eu, esforça-se para salvar sua identidade e resgatar a si mesmo do arrasto da correnteza da mudança;[22] (ou *senti-vos* efetivamente livres na autoconsciência?). Mas aquele esforço do eu empírico e a consciência que daí sobressai não seriam propriamente possíveis sem a liberdade do eu absoluto, e a liberdade absoluta é tão necessária como condição da representação quanto como condição da ação. Pois o vosso eu *empírico* nunca se esforçaria para salvar sua identidade se o *absoluto* não fosse posto originariamente como pura identidade, por meio de si mesmo e a partir de poder absoluto.

Nunca tereis sucesso se quiserdes alcançar esta liberdade como uma liberdade objetiva, por meio da qual poderíeis pretender

---

[22] O caráter da finitude é não poder pôr coisa alguma sem ao mesmo tempo contrapor algo. Esta forma da contraposição é originariamente determinada pela contraposição do não-eu. É necessário ao eu finito, quando põe a si mesmo como absolutamente idêntico, contrapor a si todo não-eu, o que não é possível sem pôr o não-eu mesmo. O eu infinito excluiria todo contraposto sem contrapô-lo: ele poria, por excelência, tudo como igual a si, ou seja, onde pusesse, não poria nada além de sua realidade; nenhum esforço estaria presente nele para salvar sua identidade e, portanto, nenhuma síntese do múltiplo, nenhuma unidade da consciência etc. Por isso, o eu empírico só é determinado por meio da contraposição originária e não é nada fora desta. Portanto, ele deve também sua realidade, como eu empírico, não a si mesmo, mas única e exclusivamente a sua limitação pelo não-eu. Ele não se anuncia pelo simples: eu sou, mas sim pelo: eu penso, ou seja, ele não é pelo seu simples ser, mas por pensar algo, por pensar objetos. Para salvar a identidade originária do eu, a representação do eu idêntico tem que acompanhar todas as outras representações, para poder pensar a multiplicidade dele em referência à unidade. Portanto, o eu empírico existe apenas por meio da unidade das representações e em referência a ela, não tem, fora esta, realidade alguma em si mesmo, mas desaparece assim que são suprimidos os objetos em geral e a unidade de sua síntese. A sua realidade, enquanto eu empírico, é determinada por algo posto fora dele, por objetos, seu ser não é lhe é determinado por excelência, mas por meio de formas objetivas — como uma existência. Contudo, ele só é no eu infinito e por meio dele; pois simples objetos jamais poderiam produzir a representação do eu como um princípio de sua unidade. (N.A.)

compreendê-la ou *refutá-la*; pois ela consiste exatamente em excluir, por excelência, todo não-eu.

O eu não pode ser dado por meio de um mero *conceito*. Pois conceitos só são possíveis na esfera do condicionado e apenas em relação a objeto. Se o eu fosse um conceito, então deveria haver algo mais elevado em que ele mantivesse a sua unidade — algo mais baixo em que mantivesse sua multiplicidade, em suma: o eu seria de todo condicionado. Assim, o eu só pode ser determinado em uma intuição. Mas o eu só é eu por nunca poder se tornar objeto, com isso ele não pode ser determinável em uma intuição sensível e, portanto, apenas em uma em que não intui um objeto, que não é sensível, ou seja, em uma intuição intelectual. — Onde há objeto, há intuição sensível, e inversamente. Onde, portanto, *não* há objeto, ou seja, no eu absoluto, não há intuição sensível, portanto, ou não há qualquer intuição ou há uma intuição intelectual. *Portanto, o eu é determinado para si mesmo como simples eu na intuição intelectual.*[23]

Sei bem que Kant negou toda intuição intelectual; mas também sei bem onde ele o fez, em uma investigação que em toda parte apenas *pressupõe* o eu *absoluto* e determina, a partir de princípios mais elevados pressupostos, apenas o eu empírico-condicionado, e determina o não-eu na síntese com o eu. Também sei que esta intuição intelectual, tão logo se queira assemelhá-la à sensível, deve ser totalmente inconcebível e que ela, além disso, pode ocorrer na consciência tampouco quanto a liberdade absoluta, uma vez que a consciência pressupõe um objeto, enquanto a intuição intelectual só é possível por não ter um objeto. Portanto, a tentativa de refutá-la a partir da consciência deve igualmente falhar, ou seja, a tentativa de dar-lhe realidade objetiva por meio dela, a qual não significa outra coisa senão suprimi-la por excelência.

O eu só é por meio de sua liberdade, assim, tudo que afirmamos do eu puro deve ser determinado por sua liberdade.

---

[23] *Das Ich also ist für sich selbst als blosses Ich in intellectualer Anschauung bestimmt.*

§. 9

O eu é unidade por excelência. Porque se ele fosse multiplicidade, então ele não seria por meio de seu simples ser, mas por meio da efetividade de suas partes. Não seria determinado meramente por meio de si mesmo, de seu simples ser (ou seja, ele não seria), mas seria condicionado por meio de todas as partes particulares da multiplicidade, porque na medida em que uma delas fosse suprimida, ele mesmo também seria suprimido (em sua perfeição). Mas isto contradiz o conceito de sua liberdade, assim (§. 8) o eu não pode conter uma multiplicidade, ele deve ser unidade por excelência — nada senão-eu por excelência.

Onde há incondicionalidade, determinada por meio de liberdade, há eu. *Portanto, o eu é uno*[24] *por excelência*. Pois, se houvesse vários eu, se houvesse um eu fora do eu, então estes diversos eu deveriam ser diferenciados por meio de algo. Só o eu é determinado meramente por meio de si mesmo, e é determinável apenas na intuição intelectual, ele deve, portanto, ser igual a si mesmo por excelência (e não determinável por meio de um número); com isso, o eu fora do eu coincidiria com este, não seria diferenciável dele. Portanto, o eu por excelência só pode ser uno. (Se o eu não fosse uno, então a *razão* pela qual haveria vários eu não repousaria na essência do próprio eu, uma vez que este não é determinável como objeto [§.7] — portanto, *fora* do eu, o que não significaria nada senão suspender o próprio eu [§.7]. O eu puro é em toda parte o mesmo, o eu é sempre = eu. Onde se encontra um atributo do eu, há eu. Pois os atributos do eu não podem ser distinguidos um dos outros, uma vez que todos eles são determinados por meio da mesma incondicionalidade [são todos infinitos].) Pois, se eles fossem determinados como distintos uns dos outros, ou por meio de seu mero *conceito*, o que é impossível, uma vez que o eu é absoluta unidade, ou por meio de algo fora dele, de maneira a perderem sua incondicionalidade, o que, por

[24] *Eines*.

sua vez, é disparatado; o eu é em toda parte eu, ele preenche, se for permitido dizê-lo, toda a infinitude.

Aqueles que não sabem de outro eu além do empírico (que, no entanto, é inconcebível sem a pressuposição do eu puro por excelência), que nunca se elevaram à intuição intelectual de si mesmos, certamente devem achar disparatada esta proposição, segundo a qual o eu é só um.[25] Pois a ciência completa deve ela mesma provar que o eu empírico é multiplicidade. (Pensai uma esfera infinita [uma esfera infinita é necessariamente apenas uma] nessas esferas finitas, quantas quiserdes. *Estas*, contudo, só são elas mesmas possíveis na una infinita;[26] destruam-se aquelas, então só há uma esfera.) De acordo com o seu costume de até agora só pensar o eu empírico, a eles parece necessário que haja diversos eu, que seriam reciprocamente eu e não-eu um para o outro, sem ponderar que um eu puro só é pensável por meio da unidade de sua essência.

Esses partidários do eu empírico tampouco poderão pensar o conceito de *pura* unidade absoluta (*unitas*), porque eles, onde não se fala de unidade absoluta, só podem pensar em unidade empírica, derivada (do conceito do entendimento tornado sensível por meio do esquema do número).

Ao eu é atribuída tão pouco unidade no sentido empírico (*unicitas*) quanto multiplicidade. Ela está completamente fora da esfera da determinação deste conceito; ele não é muitos — nem um —, no sentido empírico, ou seja, *ambos* contradizem ao seu conceito, seu conceito não está apenas *fora* de toda determinidade por meio desses dois conceitos, mas mesmo em uma esfera de todo contraposta. Onde se fala de unidade numérica pressupõem-se algo *em referência* a que o numericamente único é pensado como tal; pressupõe-se um conceito genérico sob o qual este é concebido como o único *de sua espécie*, com que, no entanto, resta a *possibilidade* (real e lógica) de que ele não

---

[25] *Das Ich nur Eines ist.*
[26] *In der Einen unendlichen.*

seja o único, ou seja, ele é uno apenas segundo seu *ser-aí*,[27] mas não segundo sua *essência*. Contudo, o eu é uno não segundo seu ser-aí (que não lhe é atribuído), mas apenas segundo seu simples ser puro por excelência; ele também não pode ser pensado em parte alguma em referência a algo mais elevado, ele não pode estar sob um conceito genérico. — *Conceito* em geral é algo que compreende multiplicidade em unidade: o eu, portanto, não pode ser um conceito, nem um puro nem um abstraído, pois ele não é unidade que resume, nem unidade resumida, mas unidade *absoluta*. Portanto, ele não é gênero, nem espécie ou indivíduo. Pois gênero, espécie e indivíduo só são pensáveis em referência à multiplicidade. Quem pode tomar o eu por um conceito ou afirmar dele unidade numérica ou multiplicidade não sabe nada do eu. Quem quiser transformá-lo em um conceito demonstrável não deve mais tomá-lo pelo incondicionado. Pois o absoluto nunca pode ser mediado, ou seja, não pode nunca pertencer ao campo dos conceitos demonstráveis. Pois tudo que é demonstrável pressupõe algo já demonstrado ou o mais elevado não demonstrável. Portanto, quem quiser demonstrar o absoluto, suprime-o por meio disso e com ele toda liberdade, toda identidade e assim por diante.

Observação. Também se poderia inverter a coisa. "Exatamente porque o eu não é algo geral, ele não pode se tornar princípio da filosofia."

Se a filosofia deve partir do incondicionado, o que agora pressupomos, então ela não pode partir de nada geral. Pois o geral é *condicionado* pelo particular e só possível em referência ao saber condicionado (empírico). Por isso, também o sistema mais consequente do dogmatismo, o espinosano, não se declara mais contrário a nada do que a considerar a substância absoluta um *Ens rationis*, um conceito abstrato. Espinosa põe o incondicionado no não-eu absoluto, mas não em um conceito abstrato, ou na ideia do mundo, tampouco em uma coisa existente particular; ao contrário, ele se

[27] *Dasein*.

declara contra isso[28] e ainda com certa violência — se é permitido, de outra maneira, utilizar tal expressão para um homem como Espinosa — e explica que quem chama Deus de uno no sentido empírico ou o toma por um mero abstrato não tem noção alguma de sua essência. Certamente não se concebe como o não-eu deve estar fora da determinação numérica, mas, no fundo, Espinosa não põe o incondicionado no não-eu, ele fez, ao elevá-lo ao absoluto, do próprio não-eu eu.

Leibniz deve ter partido do *conceito genérico* da coisa em geral: seria preciso investigar o assunto com mais exatidão, mas aqui não é o lugar para isso. É certo, porém, que seus discípulos

---

[28] Vejam-se algumas passagens de Jacobi sobre a doutrina de Espinosa nas p. 179 ss. Ainda fazem parte destas diversas outras, especialmente na *Ética*, livro II, prop. XL, schol. e p. 467 de suas cartas. Aqui ele diz: "Cum multa sint, quae nequaquam in imaginatione, sed solo intellectu assequi possumus, qualia sunt Substantia, Aeternitas et al. Si quis tália ejusmodi notionibus, quae duntaxat auxilia imaginationis sunt, explicare conatur, nihilo plus agit, quam si det operam, ut sua imaginatione insaniat" [este trecho está em uma carta a Meier de 20 de abril de 1663: "Pois há muitas coisas que não podem ser concebidas por meio da imaginação, mas apenas por meio do entendimento, por exemplo, substância, eternidade e semelhantes; por isso, se alguém tenta explicar tais coisas mediante conceitos que são meros auxiliares da imaginação, só coopera para que a imaginação faça com que ele se perca"]. Para entender esta passagem, precisa-se saber que ele considerava os conceitos abstraídos como meros produtos da imaginação. As expressões transcendentais (assim ele chama as expressões Ens, Res etc.), diz ele, surgem pelo corpo só ser capaz de uma certa quantidade determinada de impressões e, portanto, quando ele é preenchido com impressões demais, a alma não pode imaginá-los senão confusamente e sem qualquer distinção — todas juntas sob um atributo. Ele explica, da mesma maneira, os conceitos gerais, como, por exemplo, homem, animal etc. Compare-se a outra passagem citada da ética e, em especial, a seção do intellectus Emendatione, nas obras póstumas. O grau mais baixo do conhecimento é para ele a mera imaginação das coisas particulares, o mais alto — a pura intuição intelectual dos atributos infinitos da substância absoluta e o conhecimento adequado da essência das coisas que surge desta maneira. Este é o ponto mais alto de seu sistema. A mera imaginação confusa é, para ele, a fonte de todo erro, a intuição intelectual de Deus é a fonte de toda verdade e perfeição no sentido extenso da palavra. — "Quid", diz ele no segundo livro de sua *Ética*, proposição XLIII, Schol., "quid Idea vera clarius est certius dari potest, quod norma sit veritatis? Sane, sicut lux se ipsam et tenebras manifestat, ita veritas norma sui et falsi est" [Além disso, o que pode existir de mais claro e certo do que uma ideia verdadeira e que possa servir como norma de verdade? Exatamente da mesma maneira que a luz revela a si própria e as trevas, assim também a verdade é norma de si própria e do falso]. Spinoza, B. *Ética*. Tomaz Tadeu (Trad.). Belo Horizonte: Autêntica, 2007, p. 137. O que vai além do silencioso deleite destas palavras, o *Hen kai pan* de nossa vida melhor?

partiram deste conceito e fundaram por meio disso um sistema do dogmatismo incompleto.

(Pergunta: como as mônadas e a harmonia pré-estabelecida se deixam agora explicar? — Como a razão teórica, segundo o criticismo, termina com o eu se tornando igual ao não-eu, então ela deve, inversamente, segundo o dogmatismo, terminar com o não-eu tornando-se igual ao eu. A razão prática, segundo o criticismo, deve chegar ao restabelecimento do eu absoluto, segundo o dogmatismo, ao restabelecimento do não-eu absoluto. Seria interessante projetar um sistema consequente do dogmatismo. Talvez isso ainda aconteça.)

"... o maior mérito do pesquisador filosófico não é o de estabelecer conceitos abstratos e, a partir deles, fantasiar sistemas. Seu último fim é o ser puro absoluto; seu maior mérito é o de desvendar e revelar o que jamais se deixa reduzir a conceitos, explicar, desenvolver — em suma, o insolúvel, o imediato, o simples..."[29]

§. 10

O eu contém todo ser, toda realidade. Se houvesse uma realidade fora do eu, então ela concordaria ou não com a realidade posta no eu. Agora toda realidade do eu é determinada por meio de sua incondicionalidade; ele não tem realidade senão na medida em que é posto incondicionadamente. Portanto, se houvesse uma realidade fora do eu que concordasse com a realidade no eu, então essa realidade deveria ter igualmente incondicionalidade. Mas agora o eu obtém toda sua realidade apenas por meio de incondicionalidade, de modo que uma realidade daquilo que fosse posto fora dele deveria conter simultaneamente toda realidade dele, ou seja, haveria um eu fora do eu, o que é disparatado. — Mas se aquela realidade fora do eu *conflitasse* com sua realidade, então, por meio do pôr daquela realidade no eu, e, uma vez que o eu é

---

[29] Jacobi. "Über die Lehre des Spinoza" [Sobre a doutrina de Espinosa], *Werke*, t. IV, 1, p. 72.

unidade por excelência, o eu seria também suprimido, o que é disparatado. (Falamos do eu absoluto. Este deve ser um conjunto[30] de toda realidade e toda realidade deve ser posta como igual a ele, ou seja, ser *sua* realidade. Ele deve conter todos os dados, a matéria absoluta da determinação de todo ser, de toda realidade possível.) Uma vez que se queira antecipar objeções, então também devemos antecipar respostas. É certo que nossa proposição seria logo refutada se um não-eu posto antes de todo eu fosse pensável ou o não-eu *contraposto* originariamente e por excelência ao eu fosse *realizável* como não-eu absoluto, em suma, se a realidade das coisas em si fosse comprovável na filosofia até aqui; pois então toda a realidade originária recairia no não-eu absoluto.

A *coisa em si* seria o não-eu *posto antes* de todo eu, só que já está provado que um não-eu *posto* antes de todo eu *não* tem por excelência realidade, nem mesmo poderia ser pensável, porque ele não se realiza a si mesmo como o eu e só é pensável na *contraposição* ao *eu* e não ao *condicionado* (pois este é apenas correlato do objeto), mas apenas ao eu absoluto.

Ou a coisa em si seria o não-eu *contraposto* ao eu em sua finitude *por excelência*, em sua *mera contraposição*. Agora é até mesmo certo que o não-eu é contraposto[31] originariamente ao eu *por excelência*, e meramente como tal, por conta de que

---

[30] *Inbegriff.*
[31] Na medida em que o não-eu é contraposto originariamente ao eu, ele pressupõe o eu necessariamente. Mas a contraposição mesma ocorre por excelência, assim como o pôr do eu: justamente por isso, aquilo que se contrapõe por excelência à realidade é necessariamente negação absoluta. Que o eu contrapõe a si um não-eu, para isso se deixa tampouco indicar um motivo, senão que ele o põe a si por excelência, sim, um inclui imediatamente o outro. O pôr do eu é contraposição absoluta, ou seja, negação daquilo que não é = eu. Mas, originariamente nada pode, ainda menos ser contraposto por excelência algo que ocorre, sem que anteriormente algo seja posto por excelência. — A segunda proposição fundamental da ciência, que contrapõe o não-eu por excelência ao eu, obtém assim seu conteúdo (o contraposto), mas a sua forma (o próprio contrapor) só é determinável pela primeira proposição fundamental. A segunda proposição fundamental não deve ser derivada analiticamente da primeira, pois do eu absoluto não pode surgir um não-eu, ou melhor, ocorre um progresso de tese para antítese, e daí para a síntese. Seria inconcebível, como toda a ciência poderia ser fundada em uma proposição fundamental se se admitisse que ela fosse, por assim dizer, aprisionada no mesmo; mas isso, até onde sei, nenhum filósofo afirmou. (N.A.)

também o não-eu originário não pode ser um conceito meramente empírico, abstraído (pois, para achar tal conceito na experiência, a experiência teria que ser *pressuposta*, ou seja, o ser-aí de um não-eu) e tampouco um *conceito universal a priori* (pois ele não é posto por excelência, mas contraposto por excelência e deve, portanto, como *contraposto*, na qualidade de seu ser-contraposto, ser também absolutamente (contraposto), assim como o eu é posto). Este contrapor originário do não-eu *por excelência* pode também ter exclusivamente possibilitado imaginar um não-eu absoluto antes de todo eu. Embora o dogmatismo pretenda estar em condição de pensar um não-eu antes de todo eu, não como *contraposto*, mas como *posto* por excelência, seria impossível para ele mesmo o mero pensar de um não-eu posto absolutamente, caso não vislumbrasse o absolutamente *contraposto*, ao qual, além disso, emprestou despercebidamente aquela realidade que não pertence ao *contraposto por excelência*, mas ao não-eu posto no eu.

Aquele não-eu *contraposto* por excelência não é *impensável* por excelência, como o não-eu *posto* por excelência (ou seja, antes de todo eu), mas como tal ele não tem *nenhuma realidade*, nem mesmo uma pensável. Exatamente porque é contraposto *por excelência* ao eu, apenas como mera negação, posto como absoluto nada, do qual não se pode dizer nada, por excelência nada além de sua mera contraposição a toda realidade. Tão logo queiramos transmitir-lhe realidade, transferimo-lo da mera esfera do contrapor absoluto para a esfera do condicionado, posta no eu. Ou ele é *contraposto* ao eu *por excelência* e é, portanto, não-eu, ou seja, absoluto *nada*, ou ele se torna *algo*, uma *coisa*, ou seja, ele não é mais contraposto *por excelência*, mas sim *condicionado*, posto no eu, ou seja, deixa de ser *coisa em si*.

Caso se queira chamar o não-eu contraposto originariamente e por excelência ao eu de coisa em si, isso terá sucesso tão logo se entenda sob coisa em si apenas a negação absoluta de toda realidade; mas caso se queira atribuir-lhe realidade como não-eu contraposto por excelência, isso só será possível por meio de uma ilusão da imaginação empírica, que empresta a ele aquela realidade, que pertence ao não-eu *apenas na qualidade de seu ser-posto no eu.* Uma vez que não é atribuída por excelência realidade alguma ao não-eu contraposto originariamente, mas mera negação, nem ser puro nem ser empírico, mas nenhum ser (não-ser absoluto), então, se ele deve receber realidade, ele não deve ser contraposto por excelência ao eu, mas ser posto nele mesmo. *Na medida em que,* nomeadamente, o eu originariamente contrapõe a si um não-eu (não meramente *excluindo* o mesmo, como o eu absoluto), ele põe a si mesmo como *suprimido.* Mas como ele deve ao mesmo tempo por a si mesmo por excelência, então, por outro lado, ele põe o não-eu como suprimido por excelência = 0. Se, portanto, ele põe o não-eu por excelência, então ele suprime a si mesmo, se se põe por excelência, então suprime o não-eu — mas ambos devem ser *postos.* Esta contradição não é solucionável, a não-ser que o eu ponha o não-eu como igual a si mesmo. Mas com isso conflita a forma do não-eu. Assim, ele só pode *transmitir* realidade ao não-eu, ele só pode pôr o não-eu como realidade ligando-o à negação. Portanto, o não-eu *não* tem realidade alguma enquanto só é contraposto ao eu, ou seja, enquanto é puro não-eu absoluto; tão logo lhe é transmitida realidade, ele deve ser posto no conjunto de toda realidade, no eu, ou seja, ele deve cessar de ser não-eu *puro.* Para fazer com que ele possa ser posto em si (o que é necessário, uma vez que, embora oposto ao eu, ele deve ser posto), o eu por excelência precisa transmitir-lhe a sua forma, a forma do ser e da realidade, da incondicionalidade e da unidade. Mas a forma do não-eu originariamente contraposto resiste a esta forma; com isso, a transferência da forma do eu para o não-eu só é possível por meio da síntese de ambos, e a partir desta forma transferida do eu, da forma originária do não = eu e da síntese de ambas surgem as categorias, somente por meio das quais o não-eu originário obtém realidade (torna-se representável), mas deixando com isso de ser não-eu absoluto.

Assim, a ideia da coisa em si não pode por excelência ser realizada, nem por meio de um não-eu *posto* antes de todo eu, nem por meio do não-eu originariamente *contraposto* ao eu. Mas a proposição segundo a qual toda realidade estaria contida no *eu* também poderia ser refutada de maneira igualmente fácil se fosse realizável a ideia teórica de um conjunto *objetivo* de toda realidade, presente fora do eu. Admitimos que a síntese mais elevada por meio da qual a razão teórica tenta solucionar o conflito entre eu e não-eu é algum x no qual essas duas realidades, o eu e o não-eu posto no eu, devem ser unificadas como um conjunto de toda realidade, que, consequentemente, este x é determinado como algo fora do eu, portanto como = não-eu, mas também como algo fora do não-eu, portanto como = eu, em suma, que a razão teórica se vê na necessidade de abrigar-se em um conjunto absoluto de toda realidade = eu = não-eu e de, por meio de disso, suprimir o eu absoluto como conjunto de toda realidade.

Mas essa síntese mais elevada da razão teórica, que não é nada além da última tentativa de apaziguar o conflito entre eu e não-eu, embora pareça suprimir a realidade absoluta do eu absoluto, torna-se para nós, ao mesmo tempo, a garantia mais perfeitamente válida dele, uma vez que o eu jamais poderia precisar apaziguar aquele conflito por meio da ideia de um conjunto *objetivo* de toda realidade se esse conflito não tivesse primeiramente se tornado possível *porque* o eu é posto originariamente e antes de todo não-eu, como conjunto de toda realidade. Se não fosse este o caso, o não-eu poderia ter uma realidade independente do eu, que poderia ser posta ao mesmo tempo que a realidade do eu, não havendo assim um conflito entre ambas, não sendo necessária, portanto, uma síntese e tampouco um conjunto objetivo[32] de uma realidade conflitante. Sem aquela pressuposição de que o eu absoluto é um conjunto de toda realidade também não é pensável uma filosofia prática, cujo fim deve ser fim de todo

[32] Não haveria um *docheion*. (N.A.)

não-eu e restabelecimento do eu absoluto em sua mais elevada identidade, ou seja, como conjunto de toda realidade.[33]

§. 11

Se o eu contém toda a realidade, então ele é infinito. Por meio de que mais ele deveria ser limitado senão por meio de uma *realidade* fora dele, o que é impossível (§. 10), ou por meio de uma negação fora dele, o que também é impossível sem antes pôr a si mesmo como *não limitado* por excelência, uma vez que a negação como tal só é determinável em oposição a um absoluto, ou *por si mesmo*, não sendo então posto *por excelência*, mas sob a condição de um limite, o que também é impossível. — O eu tem que ser infinito *por excelência*. Se um de seus atributos fosse

[33] Pode-se fazer com que a coisa se torne mais compreensível. — O eu absoluto descreve uma esfera infinita que compreende toda realidade. A esta é então primeiramente contraposta uma outra esfera, igualmente infinita (não apenas excluída), que compreende toda negação (não-eu absoluto). Portanto, esta esfera é por excelência = 0; no entanto, ela só é possível em oposição a esta somente quando a esfera absoluta da realidade já está descrita. Pois negação absoluta não se produz a si mesma, mas só é determinável em oposição à realidade absoluta. Uma esfera infinita fora de uma esfera igualmente infinita, posta anteriormente, já é uma contradição, e o seu ser-posto já compreende em si que ela deve ser negação absoluta. Pois se ela não o fosse, então ela não estaria fora daquela esfera infinita, mas coincidiria com ela. Portanto, a esfera absoluta do não-eu, se fosse meramente posta por excelência, deveria suprimir o eu por inteiro, uma vez que uma esfera absoluta não tolera nenhuma outra fora dela. Por conta disso, no entanto, também a esfera do eu deveria, inversamente, suprimir a esfera do não-eu, se aquela é posta como infinita. Contudo, ambas devem ser postas. Com isso, não resta nada senão um esforço do eu para atrair aquela esfera infinita do não-eu para a sua esfera, uma vez que ela deve ser posta e pôr em geral só é possível no eu. Mas com isso conflita a absoluta negação desta esfera e ela só pode ser posta com negação naquela. Portanto, a esfera infinita da negação, se deve ser posta na esfera infinita da realidade, torna-se uma esfera finita da realidade, ou seja, ela necessariamente só pode ser posta na mesma como realidade, ligada à negação. Por meio disso surge ao mesmo tempo a restrição do eu; a esfera do eu não é totalmente suprimida, mas é necessário que seja posta nela negação, ou seja, limitação. Agora a esfera finita pode esforçar-se para atrair de volta para si a esfera infinita e torna-se o ponto central de toda a esfera, do qual partem tanto os raios da infinitude quanto as restrições da finitude, o que se contradiz. Se o conflito entre eu e não-eu é agora expresso na mais elevada síntese possível (eu = não-eu), então resta, para explicá-lo, nada mais do que a destruição total da esfera finita, ou seja, ampliação da mesma até a coincidência com a esfera infinita (razão prática). (N.A.)

finito, então ele mesmo seria finito em consequência desse atributo, ou seja, ele seria ao mesmo tempo infinito e finito. Portanto, *todos os atributos do eu também têm que ser infinitos.* Pois o eu só é infinito por meio daquilo que ele é, ou seja, por meio de seus atributos. — Se fosse possível separar a realidade do eu em diversas partes, então essas partes ou conservariam a infinitude da realidade ou não a conservariam. No primeiro caso haveria um eu fora do eu (pois onde há infinitude há eu), uma infinitude fora da infinitude, o que é disparatado; no segundo caso o eu poderia cessar por meio de divisão, ou seja, ele não seria infinito, ele não seria realidade *absolut*a. Portanto, *o eu é indivisível.* Se ele é indivisível, então ele também é *imutável.* Uma vez que ele não pode ser transformado por nada fora dele (§. 8), então ele teria que ser transformado por meio de si mesmo, com que uma parte dele teria que determinar a outra, ou seja, ele seria divisível. Mas o eu deve sempre ser igual a si mesmo e ser unidade absoluta fora de toda mudança.

§. 12

Se a substância é o incondicionado, *então o eu é a única substância.* Se houvesse diversas substâncias, então haveria um eu fora do eu, o que é absurdo. Portanto, tudo *que é, é no eu, e fora do eu nada é.* Pois o eu contém toda realidade (§. 8) e tudo que é, é por meio de realidade. Portanto, tudo é no eu. Sem realidade nada é, portanto, realidade nenhuma é fora do eu, portanto, nada é *fora* do eu. Se o eu é a única substância, então *tudo que é, é mero acidente*[34] *do eu.*

Estamos no limite de todo saber, para além dele desaparece toda realidade, todo pensar e representar. Tudo é apenas no eu e para o eu. O próprio eu é apenas para si mesmo. Para achar algo diverso, devemos já ter achado algo antes; só chegamos a uma

---

[34] *Accidens.*

verdade objetiva por meio de outra verdade — mas chegamos ao eu apenas por meio do eu, porque ele só é *na medida em que* é apenas *para si mesmo*, e não é nada para tudo que está *fora* dele, ou seja, ele não é objeto algum; pois ele meramente é na medida em que pensa a si mesmo, não na medida em que é pensado.

Para achar a verdade, tens que ter um princípio de toda verdade: põe-no tão alto quanto quiseres, ele tem que estar na terra da verdade, na terra que ainda queres buscar. Mas se produzes graças a ti mesmo, se o último ponto de que depende toda realidade é o eu, e este só é por meio de si mesmo e para si mesmo, então toda verdade e toda realidade é imediatamente presente para ti. Descreves, ao pôr a ti mesmo como eu, ao mesmo tempo toda a esfera da verdade, da verdade que é verdade por meio de ti e para ti. Tudo é apenas no eu e para o eu. No eu a filosofia achou o seu *Hen kai pan*, pelo qual lutara como a mais elevada recompensa da vitória.[35]

Observação. Quereis com vosso conceito *derivado* de substancialidade do não-eu medir a substancialidade mais elevada do eu absoluto. Ou acreditais ter encontrado o *conceito originário* da substancialidade no não-eu?

A filosofia certamente já estabeleceu há muito tempo o conceito de substancialidade do não-eu. Para salvar a identidade imutável de vosso eu, tendes também que necessariamente *elevar* o não-eu, cuja forma originária é a multiplicidade, à identidade, e, por assim dizer, assimilá-lo ao eu. Para que ele não coincida como não-eu, ou seja, como multiplicidade, com o seu eu, ele põe a vossa imaginação no *espaço*; mas para que vosso eu não se disperse de todo ao admitir a multiplicidade para completar a síntese, pondes a própria multiplicidade na mudança (sucessão) e sempre o mesmo sujeito para cada ponto da mudança, determinado por um esforço idêntico; assim obtendes, por meio da própria síntese e das formas do espaço e do tempo surgidas simultaneamente com a síntese, um

---

[35] Sobre meu eu repousa todo ser-aí [Daseyn]: meu eu é tudo, nele e para ele é tudo: retiro meu eu e tudo que é torna-se nada. (N.A.)

objeto no espaço e no tempo que é constante a cada mudança — uma *substancialidade transmitida* (emprestada, por assim dizer), que, justamente por isso, não é compreensível sem pressupor uma substancialidade originária do eu absoluto, não transmitida, cujo conceito possibilita também na filosofia crítica passar a limpo a origem da categoria de substância.

Espinosa foi o primeiro a pensar um conceito originário de substancialidade em toda sua pureza. Ele reconheceu que deveria estar na base de todo ser-aí um ser originário puro e imutável, algo que persiste por meio de si mesmo na base de tudo que surge e perece, no qual e por meio do qual tudo que tem existência[36] primeiramente chegaria à unidade do ser-aí.[37] Ninguém provou a ele que esta forma originária incondicionada e imutável de todo ser só seria pensável em um eu. Foi-lhe contraposto o conceito abstraído de substancialidade dos fenômenos — (enquanto o conceito originário não havia sido descoberto, o conceito de substancialidade dos fenômenos, que é derivado, transmitido e, embora anterior a toda experiência, só possível *em referência* a ela, foi apenas um conceito abstraído) — como se Espinosa não o conhecesse muito bem e não tivesse inúmeras vezes explicado que não se ocupava daquilo que é permanente no tempo e na mudança, mas do que é posto fora de todo tempo sob a forma originária da imutabilidade, e que aquele conceito derivado não tem ele mesmo sentido e realidade sem o conceito originário etc. Procurou-se, portanto, refutar o incondicionado por meio do condicionado. O resultado é conhecido.

§. 13

Se fora do eu nada é, então o eu deve pôr tudo em si, ou seja, pôr tudo como *igual a si*. Tudo que ele põe não tem que ser mais do

---

[36] *Existenz.*
[37] *Daseyn.*

que a sua própria realidade, em toda sua infinitude. O eu absoluto não pode se determinar a nada além de pôr realidade infinita em toda parte, ou seja, pôr *a si mesmo*.

Se quisermos chamar o ponente de *causa*, por não termos outra palavra, e chamar uma *causa* que não põe nada fora de si, que põe tudo em si e põe tudo como igual a si, de *causa imanente*, então o eu é a *causa imanente de tudo que é*. Sua essência (*essentia*) é realidade, uma vez que ele deve seu ser (*esse*) apenas à realidade infinita; ele é apenas na medida em que a fonte originária de toda realidade transmitiu-lhe realidade. O eu, portanto, não é apenas *causa do ser, mas também da essência de tudo que é*. Pois tudo que é, é apenas mediante aquilo que é, ou seja, mediante sua essência, sua realidade e só há realidade no eu. (Quem quiser refutar todas estas proposições com proposições a que nós mesmos precisamos posteriormente chegar, pode sempre fazê-lo. Mas terá de descobrir que poderia ter poupado seus esforços e que a contradição que espera as proposições aqui estabelecidas é justamente o problema de toda a filosofia. Só que ele terá de conceder que a tese vem antes da antítese e ambas antes da síntese.)

§. 14

A ideia mais elevada, que expressa a *causalidade* da substância absoluta (o eu), é a ideia do *poder absoluto*.

Pode-se medir o puro com medidas empíricas? Se não podeis desvencilhar-vos de todas as determinações empíricas daquela ideia a que a vossa imaginação vos reconduz, então procurais a culpa de vossa incompreensão não na ideia, mas em vós mesmos. Esta ideia está tão longe de tudo que é empírico, que ela não apenas se eleva acima dele, mas também o destrói.

Esta também foi para Espinosa a única caracterização da causalidade da substância absoluta. O poder absoluto da única substância é para ele o último, ou melhor, o único.[38] Para Espinosa, não há nela sabedoria alguma, pois o seu próprio agir é a lei; nenhuma vontade, pois ela age por poder próprio de sua essência, por necessidade de seu ser. Ela não age em consequência de uma determinação, mediante uma realidade presente fora dela (um bem, uma verdade); ela age de acordo com sua essência, de acordo com a perfeição infinita de seu ser a partir de poder incondicionado. A sua essência mesma é apenas este poder.[39]

Achou-se esta ideia sublime no sistema de Espinosa não apenas teoricamente falsa como também refutável mediante fundamentos práticos. Afirmou-se que esta ideia suprimiria todos os conceitos de uma sabedoria livre, ainda que determinada por leis, porque não se elevou a si mesmo à representação pura de um poder absoluto, por um lado, e, por outro, porque não se pensou que aquele conceito de sabedoria, por só ser pensável sob a pressuposição de uma limitação, teria de ser um absurdo[40] se não fosse pressuposto, como último fim de seu esforço, o poder absoluto que age por necessidade interna de sua essência por excelência, que não é mais vontade, virtude, sabedoria ou felicidade, mas sim poder por excelência.

Observação. Kant falou reconhecidamente sobre moralidade e felicidade proporcional como o bem maior e o fim último. Mas ele mesmo sabia melhor que todos que moralidade sem um fim

---

[38] *Das Einige.*
[39] *Ética*, livro 1, Prop. XXXI-Prop.XXXII: "Deus non agit ex ratione boni, sed ex naturae suae perfectione. Qui illud statuunt, videtur aliquid extra Deum ponere, quod a Deo non dependet, ad quod Deus tanquam ad exemplar in operando attendat, vel ad quod tanquam ad certum scopum collimat, quod profecto nihil aliud est, quam Deum fato subjicere". Prop.XXXIII: "Dei potentia est ipsius ssentia". (N.A.) [Tirando a última proposição ("A potência de Deus é sua própria essência"), as passagens citadas por Schelling são provavelmente citadas de memória. Elas não se encontram nos trechos mencionados da Ética e combinam frases da proposição XXXII, corolário I e proposição XXXIII, escólio II do livro I: "Deus não age por causa do bem, mas pela perfeição de sua natureza. Aqueles que sustentam outra opinião, parecem colocar algo fora de Deus, que não depende dele, a que ele, ao operar, toma como modelo, e a que ele visa como se fosse um alvo preciso, o que não significa senão submeter Deus ao destino."] A tradução se vale de frases da tradução de Thomaz Tadeu, p. 61-62. (N.T.)
[40] *Unding.*

último não tem realidade alguma, que a limitação pressupõe a finitude e não seria pensável como fim último, mas apenas como *aproximação* dele. Da mesma maneira ele evitou em toda parte explicar determinadamente a relação entre felicidade e moralidade, embora soubesse bem que a felicidade, como mero ideal da imaginação, não seria mais do que um *esquema* por meio do qual seria mediada a *representabilidade prática* do não-eu,[41] não podendo pertencer ao último (fim), uma vez que este trata da identificação do não-eu com o eu, ou seja, da total aniquilação dele como não-eu, que, assim, o próprio esforço por felicidade empírica (como uma concordância efetuada *pela natureza* entre os objetos e o eu) seria irracional sem a pressuposição de que o último fim de todo esforço não seria ela mesma, mas sim a elevação completa acima de sua esfera,[42] que devemos, portanto, nos esforçar até o

[41] Como o não-eu deve se tornar objeto de um esforço do eu determinado mediante liberdade, então se deve subir da forma da condicionalidade para a forma da incondicionalidade. Mas, como o não-eu deve ser objeto deste esforço como não-eu, assim só pode surgir a incondicionalidade sensível, ou seja, imaginável, ou seja, elevação do não-eu mesmo a uma forma que não é alcançável por meio de nenhuma forma do entendimento ou da sensibilidade.
Tal mediação do condicionado e do incondicionado é pensável por meio da imaginação. A ideia de felicidade surge originariamente por meio de uma operação meramente teórica. Representada praticamente, contudo, ela não é nada senão concordância necessária do não-eu com o eu, e como esta concordância é uma tarefa infinita para o eu, ela permanece em sentido prático uma ideia que só é realizada no progresso infinito. Mas no sentido prático ela é de todo idêntica com o último fim do eu e, nesta medida, uma vez que a moralidade é aproximação gradual do fim último, ela pode ser representada como aquilo que é realizável apenas por meio de moralidade, que está sempre na mesma relação com a moralidade. E apenas neste sentido Kant pode ter pensado a felicidade em relação com a moralidade. Pode-se explicar a felicidade empírica como concordância acidental dos objetos com nosso eu. Felicidade empírica, portanto, não pode ser pensada em conexão com a moralidade. Pois esta não trata da concordância acidental do não-eu com o eu, mas sim da necessária. Felicidade pura surge, portanto, na elevação acima da felicidade empírica, a pura necessariamente exclui a empírica. Mas também é concebível porque sempre se entendeu felicidade empírica quando se falou de felicidade em Kant; mas é de se admirar que, até onde sei, ninguém tenha censurado a decadência moral de tal sistema, que representa a felicidade empírica como ligada à moralidade não por uma conexão interna, mas apenas por meio de causalidade externa. (N.A.)

[42] Se a o fim último de todo esforço do eu não fosse a identificação do não-eu consigo mesmo, então a concordância acidental dos objetos com nosso eu, causada pela natureza, não teria qualquer atração para nós. Apenas na medida em que pensamos tal concordância em referência a toda nossa atividade (que, do grau mais baixo até o mais

infinito, não para nos *tornarmos* felizes, mas para não precisarmos mais da felicidade, sim, de nos tornarmos de todo *incapazes* dela e elevar nossa essência a uma forma que contradiga tanto a forma da felicidade quanto a forma que lhe é contraposta.

* * *

O eu absoluto exige por excelência que o eu finito se torne igual *a ele*, ou seja, que ele aniquile em si toda multiplicidade e mudança. O que é lei *moral* para o eu *finito*, limitado por um não-eu, é *lei natural* para o infinito, ou seja, é ao mesmo tempo dado com seu ser simples e também nele. O eu infinito é simples na medida em que é *determinado* como igual a si mesmo e por meio de sua pura identidade; ele não deve primeiramente *determinar* seu ser meramente por meio de identidade consigo mesmo. Portanto, o eu infinito não conhece qualquer lei moral e é determinado segundo sua causalidade como *poder* absoluto que é igual a si mesmo. Mas a lei moral, ainda que ocorra apenas em referência à finitude, não tem ela mesma qualquer sentido ou significado se não estabelecer como fim último de todo esforço a infinitude do eu e sua própria transformação em uma mera *lei natural*[43] do eu. — A lei moral na essência finita é, portanto, primeiramente, um *esquema da lei natural*, por meio do qual o ser do infinito é determinado; o que é representado por este como *ente*,[44] aquele tem que representar como algo *exigido*.[45] Uma vez que apenas a lei mais elevada por meio da qual o ser do eu infinito é determinado é a lei de sua identidade (§. 7), a lei moral na essência finita tem

---

elevado, não trata de nada senão da concordância do não-eu com o eu), observamos uma concordância acidental como favorecimento (não como recompensa), como uma compensação voluntária da natureza, como um apoio inesperado que ela dá a toda nossa atividade (não apenas a moral). (N.A.)

[43] Portanto, também se pode dizer que o fim último do eu seria tornar as leis da liberdade em leis da natureza e as leis da natureza em leis da liberdade, produzir natureza no eu e eu na natureza. (N.A.)

[44] *Seyend*.

[45] *Als Gefordet*.

que representar esta identidade não como *ente*, mas como algo exigido, por isso a lei mais elevada para a essência finita é: *sê absolutamente idêntico contigo mesmo*.[46] Mas, ao dever ser aplicada a um *sujeito* moral, ou seja, a um eu condicionado pela alternância e pela multiplicidade, esta lei se opõe àquela forma da identidade por excelência e a lei só se torna aplicável ao mesmo eu mediante um novo esquematismo. *Sê idêntico*, a *lei natural* do mesmo eu, em virtude da qual ele *não deve não-ser* idêntico — ou seja, multiplicidade —, mas é, conflita com a lei originária moral do eu finito: este conflito entre a lei *moral* e lei *natural* da finitude só pode ser mediado por um novo esquema, o da *produção no tempo*, de maneira que aquela lei, que se refere a uma exigência do *ser*, se torna uma exigência do *vir a ser*. A lei moral originária, expressa em toda sua apresentação sensível,[47] é então a seguinte: *torna-te* idêntico, *eleva* (no tempo) as formas *subjetivas* de tua essência à forma do absoluto. (A pura lei moral originária já *exclui* todas as formas subjetivas [todas as formas que pertencem apenas ao eu condicionado por objetos] e exige: *sê* idêntico! Opõem-se a esta lei, contudo, aquelas formas por excelência, com que se faz necessária uma *síntese* em que *elas mesmas* sejam admitidas[48]

[46] Esta lei se deixa seguir por meio de todas as formas subordinadas à forma originária da identidade. Expresso segundo a quantidade isto significa: seja por excelência um. Segundo a qualidade: põe toda realidade em ti, ou seja, põe toda realidade como igual a ti. Segundo a relação: sê livre de toda relação, ou seja, de condicionalidade. Segundo a modalidade: põe a ti mesmo fora de toda esfera do ser-aí, põe a ti mesmo na esfera do ser puro absoluto (independentemente de toda forma do tempo etc.). (N.A.)
[47] *Versinnlichung*.
[48] Se seguirmos esta lei esquemática por meio das formas subordinadas, então obtemos as seguintes leis: segundo a quantidade: torna-te um por excelência. (O que primeiramente se torna unidade, pressupõe multiplicidade e só se torna isso por meio de elevação dele à unidade; portanto, aquela expressão é idêntica a esta: eleva a multiplicidade em ti à unidade, ou seja, torna-te uma totalidade fechada em ti). Segundo a qualidade: torna-te realidade por excelência. (O que se torna realidade, o é em conflito com a negação e, portanto, também pode ser expresso assim: eleva a negação em ti até à realidade, ou seja, dá a ti uma realidade, que nunca pode ser suprimida ao infinito [no tempo].) Segundo a relação: torna-te absolutamente incondicionado, esforça-te pela causalidade absoluta — como expressão de um conflito originário, mas também como: torna a causalidade passiva em ti idêntica à ativa (produz efeito recíproco, faz com que aquilo que é causalidade passiva em ti se torne ao mesmo tempo ativa

como formas do absoluto e não mais como formas do *sujeito* [do finito].)

(Por meio deste esquematismo da lei moral torna-se possível a ideia de progresso moral e até mesmo de um *progresso* ao infinito. O eu absoluto é o único eterno, mas justamente por isso o eu finito, porque se esforça para se tornar idêntico a ele, também deve buscar a eternidade pura, portanto, porque expressa em si como *vindo a ser*[49] aquilo que é posto como ente[50] no eu infinito, ele deve pôr em si mesmo também eternidade que vem a ser, ou seja, empírica, *duração infinita*. O fim último do eu finito é, portanto, a ampliação até a identidade com o infinito. No eu finito há unidade da consciência, ou seja, personalidade. O eu infinito, contudo, não conhece objeto algum, não conhece consciência alguma nem unidade da consciência, personalidade. Assim, o fim último de todo esforço pode ser representado também como ampliação da personalidade até o infinito, ou seja, como aniquilação dela. — O fim último do eu finito assim como do não-eu, ou seja, o fim último do mundo é a sua *aniquilação* enquanto mundo, ou seja, enquanto conjunto da finitude (do eu finito e do não-eu. Para este fim último só ocorre uma aproximação — daí a persistência[51] infinita do eu, *imortalidade*.)

No significado teórico, Deus é eu = não-eu, no prático, *eu absoluto* que aniquila todo não-eu. Na medida em que o eu infinito é representado esquematicamente como fim último do finito e, portanto, fora dele, Deus pode ser representado como exterior ao eu finito (esquematicamente), mas apenas como idêntico ao infinito.

---

e aquilo que é causalidade ativa se torne passiva). Segundo a modalidade: esforça-te para colocar-te na esfera do ser absoluto, independentemente da mudança do tempo. Esforço só é possível no tempo, ainda assim é um esforço para se pôr fora de toda mudança do tempo, um esforço em todo tempo. Portanto, aquela lei também pode ser expressa assim: torna-te um se necessário, um ser que perdura em todo tempo. (N.A.)

[49] *Werdend.*
[50] *Seyend.*
[51] *Fortdauer.*

* * *

Esclarece-se a partir destas deduções que a causalidade do eu infinito não pode, por excelência, ser representada como moralidade, sabedoria etc., mas apenas como poder absoluto que preenche toda a infinitude e não tolera em sua esfera nada que lhe seja oposto, nem mesmo o não-eu representado como infinito: que, portanto, também a lei moral, mesmo em toda a sua apresentação sensível,[52] só obtém sentido e significação em referência a uma lei mais elevada do *ser*, que, em oposição à lei da liberdade, pode se chamar lei natural. Certamente não estarão satisfeitos com estas deduções aqueles que se esforçam para fixar a meta de nosso esforço moral tão perto e tão baixo quanto possível — e tampouco aqueles que mais uma vez vincularam uma quantidade tão grande de postulados da felicidade à letra de Kant e ao único ponto de seu sistema empírico que ele aparentemente ainda deixou restar, pois se a felicidade não é pensada como idêntica ao último fim, ou seja, como elevação total sobre toda a esfera da felicidade empírica, ela mesma não pode pertencer às exigências da razão *moral*, sendo que apenas *estas* exigências ainda são permitidas; — tampouco aqueles que puderam acreditar que Kant poderia considerar possível na filosofia prática um conhecimento que considerou impossível na filosofia teórica, podendo, portanto, estabelecer naquela o mundo suprassensível (Deus etc.) novamente como algo *fora* do eu, como *objeto*, como se aquilo que é objeto, independentemente de como tenha se tornado objeto, tivesse também que se tornar objeto para a filosofia teórica, ou seja, se tornar cognoscível. (Tudo o que for objeto deve também ser cognoscível no sentido kantiano da palavra, ou seja, poder ser intuído sensivelmente e poder ser pensado por meio de categorias. — Vide abaixo.) — De acordo com Kant, o suprassensível na filosofia teórica leva certamente a contradições, porque este aniquila todo o absoluto (todo eu); de acordo com o mesmo, a filosofia prática leva ao campo su-

---

[52] *Versinnlichung.*

prassensível, porque ela, inversamente, aniquila todo o teórico e reestabelece aquilo que só pode ser intuído intelectualmente (o eu puro), mas como só chegamos ao mundo suprassensível por meio deste reestabelecimento do eu absoluto, o que poderíamos querer encontrar nele senão apenas o eu? — Portanto, nenhum Deus como *objeto*, nenhum não-eu, nenhuma felicidade empírica etc., mas apenas o puro eu absoluto!

§. 15

O eu é o que é sem condição e sem limitação, a *sua forma originária é a do ser puro e eterno*; dele não se pode dizer: *era*, *será*, mas sempre: *ele é*. Quem quiser determiná-lo de outra maneira que por meio de seu ser por excelência terá de rebaixá-lo ao mundo empírico. *Ele é por excelência*, ou seja, é posto fora de *todo* tempo, a forma de sua intuição intelectual é a *eternidade*. Ele é infinito graças de si mesmo; nem mesmo uma infinitude vaga, tal como a que imaginação representa em ligação com o tempo, ele é muito mais a infinitude mais determinada, contida em sua própria essência, a sua eternidade é ela mesma a condição de seu ser. Na medida em que é eterno, o eu não tem *duração*. Pois duração só é pensável em relação a objetos. Fala-se de uma eternidade da duração (*aeviternitas*), ou seja, de um ser-aí em *todo* o tempo, mas eternidade no sentido puro da palavra (*aeternitas*) é ser em *nenhum* tempo. A forma originária pura da eternidade repousa no eu: o ser-aí do não-eu em *determinado* tempo conflita com esta, conflito que a imaginação transcendental então unifica por meio do ser-aí em *todo* tempo, ou seja, por meio da representação da eternidade empírica.[53] Apenas esta eternidade empírica (exponível

---

[53] A marcha de toda síntese é tal que ela põe condicionadamente no contraposto (com limitação) o que é posto absolutamente no posto absoluto. Assim, o não-eu é posto absolutamente em uma contraposição originária e por isso também como = 0 por excelência, pois um não-eu incondicionado é uma contradição, ou seja, nada por excelência. Agora, o não-eu até mesmo obtém realidade na síntese, mas perde justamente

figurativamente mediante uma linha que se estende continuamente não é ela mesma pensável sem o conceito originário da eternidade pura e, portanto, é impossível que ela seja transferida para o eu absoluto, que contém a forma originária de todo ser. *O finito dura*; a *substância* é por excelência, mediante seu poder infinito de ser. *Observação 1.* Espinosa também teve de lutar contra este conceito de duração como forma do ser absoluto. Para ele, a eternidade é a forma da pura intuição intelectual, não uma relativa, empírica, mas sim eternidade pura, absoluta, a duração, mesmo a duração em todo o tempo, não é mais que uma forma do sujeito (empírico-condicionado), mas que só se torna possível em virtude da forma mais elevada do ser eterno. Uma vez que se entenda por eternidade a eternidade empírica, então a substância absoluta *não* é empírica, ou seja, ela não é em lugar algum determinável por meio desta forma, nem em um tempo determinado nem em todo o tempo, não existindo em tempo algum.[54]

por meio disso sua incondicionalidade, ou sela, ele se torna realidade ligada à negação, realidade condicionada (limitada). Assim, o não-eu é originariamente posto fora de todo tempo, como o eu, mas também como = 0 por excelência; se ele obtém realidade, então perde assim seu ser-posto fora de todo tempo e é posto em um determinado tempo e, por meio de uma nova síntese, é finalmente posto em todo tempo, ou seja, a eternidade absoluta do eu se torna eternidade empírica no não-eu, na medida em que este obtém realidade mediante o eu. (N.A.)

[54] Eth. L. V, Prop. XXIII. Schol.: aeternitas nec tempore definiri, nec ullam ad tempus relationem habere potest. At nihilominus sentimus experimurque, nos aeternos esse. Nam mens non minus res illas sentit, quas intelligendo concipit, quam quas in memoria habet. Mentis enim oculi, quibus res videt observatque, sunt ipsae demonstrationes. Quamvis igitur non recordemur, nos ante corpus exititisse, sentimus tamen, mentem nostram, quatenus corporis essentiam sub aeternitatis specie involvit, aeternam esse, et hanc ejus existentiam tempore definiris per durationem explicari non posse. Mens igitur nostra eatenus tantum dici potest durare, ejusque existentia certo tempore definiri, quatenus actualem corporis existentiam involvit, et eatenus tantum potentiam habet, rerum existentiam tempore determinandi easque sub duratione concipiendi. [a eternidade não pode ser definida pelo tempo, nem ter, com este, qualquer relação. Apesar disso, sentimos e experimentamos que somos eternos. Com efeito, a mente não sente menos aquelas coisas que ela concebe pela compreensão do que as que ela tem na memória. Pois, os olhos da mente, com os quais ela vê e observa as coisas, são as próprias demonstrações. Assim, embora não nos recordemos de ter existido antes do corpo, sentimos, entretanto, que a nossa mente, enquanto envolve a essência do corpo sob a perspectiva da eternidade, é eterna, e que esta existência da nossa mente não pode ser definida pelo tempo, ou seja, não pode ser explicada pela duração. Portanto, pode-se dizer que a nossa mente dura e que a sua existência pode ser definida por um

Observação 2. Agora é a hora de determinar o eu mesmo por completo e evitar possíveis confusões com outros conceitos. Acima determinamos o eu meramente como aquilo que, por excelência, jamais pode se tornar objeto. Se quiséssemos, portanto, afirmar algo sobre o eu como *objeto*, então recairíamos em uma ilusão dialética. Pois na medida em que ele fosse objeto de uma mera *ideia*, ele não teria realidade alguma, e na medida em que fosse objeto, teríamos que partir para uma intuição objetiva para poder realizá-lo como tal, o que necessariamente leva a contradições.

Mas determinamos o eu meramente por meio do fato de que ele não pode de maneira alguma se tornar objeto; mostramos, além disso, que ele tampouco pode ser uma mera ideia e que, portanto, aqui seria dada a única intuição intelectual possível. Gostaria muito de ver uma dedução do eu absoluto a partir de conceitos. Por este mesmo motivo Kant afirmou que nenhuma filosofia seria possível a partir de conceitos, pois sabia que a única filosofia possível, a crítica, repousa sobre um último fundamento, que não pode ser atingido por conceitos objetivos. Kant já indicou que uma dedução do eu a partir de meros conceitos seria impossível *ao* estabelecer a proposição originária: eu sou, que não é uma *consequência* da proposição: eu penso, mas está contida na mesma,[55] como *anterior a todos* os conceitos e, por assim dizer, acompanhando-as como um veículo. *Uma vez que se queira*, porém, que não haja eu absoluto algum, então, de acordo com que está dito acima, não deve ser negada apenas toda liberdade, mas também toda filosofia. Pois mesmo o mais baixo grau de espontaneidade na filosofia teórica

---

tempo preciso apenas à medida que envolve a existência atual do corpo; e, apenas sob essa condição, ela tem o poder de determinar a existência das coisas pelo tempo e de concebê-las segundo a duração]. *Ética.* Tomaz Tadeu (Trad.), pp. 391-3.

Ele se explica também de maneira igualmente forte em suas cartas contra esta confusão da eternidade e da duração, assim como contra toda mistura dos puros conceitos originários do ser com as formas derivadas da existência empírica. Vide principalmente Opp. Posth. p. 467. (N.A.)

[55] O eu absoluto é sem toda referência a objetos, portanto não porque em geral pensa, mas porque pensa apenas a si mesmo. Justamente por isso, Descartes não pôde ir longe com seu cogito, *ergo sum*. Pois ele pôs assim como condição eu seu pensar em geral, ou seja, ele não se elevou até o eu absoluto. (N.A.)

revela uma liberdade originária do eu absoluto tão bem quanto o mais alto possível na filosofia prática. Por negação do eu absoluto o dogmatismo também é fundamentado formalmente. Pois, se o ser-aí de um eu empírico-condicionado não pode ser explicado por meio da pressuposição de um eu absoluto, então não resta outra explicação senão a partir do não-eu absoluto, ou seja, a partir do princípio de todo dogmatismo, o que contradiz a si mesmo. Com a supressão de um eu absoluto não é suprimida apenas uma *filosofia determinada*, mas toda filosofia. A afirmação de um eu absoluto é:

1) não é de maneira alguma uma *afirmação transcendente*, ela é tão pouco transcendente quanto a passagem prática para o campo suprassensível. Ainda mais porque justamente aquela afirmação que quer *ultrapassar o eu* é transcendente, a afirmação de um eu absoluto tem que ser a mais imanente de todas as afirmações, sim, ela tem que ser a condição de toda filosofia imanente. A afirmação de um eu absoluto seria, aliás, transcendente se fosse *além do* eu, ou seja, se quisesse determinar seu ser-aí como objeto. Mas o sentido dessa afirmação é justamente o de que o eu não é, por excelência, um objeto e tem seu ser em si mesmo, exclui *originariamente* todo não-eu e produz a si mesmo. Na dialética transcendental, o paralogismo descoberto por Kant não para no eu puro, ao contrário, ele procura realizar o eu condicionado pelo não-eu, que, portanto, se tornou ele mesmo objeto, como objeto, por um lado, e, por outro, como eu, ou seja, como substância absoluta. Mas o eu absoluto *se realiza a si mesmo*; não posso sair de sua esfera para chegar a seu ser e a proposição: eu sou! — distingue-se por meio disso como a única de todas as proposições existenciais, incomparável com qualquer outra. Portanto, todo o paralogismo da filosofia transcendental consiste no fato de que se quer realizar por meio de um objeto aquilo que compete apenas ao eu absoluto. (Pois toda a dialética trata da destruição do eu absoluto e da realização do não-eu absoluto [= eu], ou seja, da coisa em si.)

"Eu penso, eu sou", estas são proposições francamente analíticas. Mas a dialética transcendental faz do eu um objeto e diz: o que pensa, é; o que pensado como eu, é eu. Esta é uma *proposição sintética* por meio da qual um pensante em geral é posto como não-eu. Mas um não-eu não produz a si mesmo por meio de seu pensamento, como o eu!

O eu absoluto é:

2) não equivalente em significado ao eu *lógico*. No pensamento meramente empírico chego ao eu em geral apenas como a um sujeito *lógico* e à determinidade de meus pensamentos no tempo; na intuição intelectual, ao contrário, o eu produz a si mesmo como realidade absoluta fora do tempo. Portanto, quando falamos do eu absoluto, não há nada que queiramos descrever menos do que o sujeito lógico contido na consciência. Este sujeito lógico, contudo, só é ele mesmo possível *por meio da unidade do eu absoluto*. (Meu eu empírico é posto em alternância,[56] mas para que ele permaneça ao menos igual a si mesmo na mudança, ele se esforça para elevar à *unidade* os próprios objetos por meio dos quais é posto na mudança — [categorias] — e determina por meio da identidade de seu *esforço* a identidade de seu *ser-aí* como um princípio das representações que resiste na mudança do tempo.) A unidade da consciência determina, portanto, apenas objetos, mas não pode, por outro lado, determinar o eu como *objeto*; pois como eu puro ele não aparece na consciência e se aparecesse, não poderia nunca, enquanto eu puro, tornar-se não-eu; enquanto eu empírico, contudo, ele não tem identidade além *de na unidade da apercepção* e meramente em referência a objetos. *Eu penso!* — *é apenas a expressão da unidade da apercepção* que acompanha todos os conceitos, portanto, não na intuição intelectual, como a proposição: eu sou! — mas apenas em referência a objetos, ou seja, apenas empiricamente, determinavelmente. É expressão não de uma forma absoluta da unidade, mas de uma pensável apenas em referência à multiplicidade, com que o eu não é determinado nem como *fenômeno*, nem como *coisa em si* (portanto, de modo algum como *coisa*) e tampouco, contudo, como eu absoluto, mas apenas como

[56] *Wechsel.*

princípio de algo determinado na mera unidade do pensamento e, que, portanto, perde toda realidade *fora* do pensamento. Por outro lado, este eu meramente pensável, contido apenas na unidade da consciência, só é concebível por meio de uma unidade originária e absolutamente existente de um eu absoluto. Pois se não houver um eu absoluto, então não se concebe como um não-eu deveria produzir um eu lógico, uma unidade do pensamento, o que também explica por que todos que tentaram suprimir em pensamentos o eu absoluto, sentiram logo a necessidade de elevar o próprio não-eu a eu. (Como foi o caso de Espinosa.) Pois não há simplesmente nada pensável para mim sem o eu, ao menos sem eu lógico, e é impossível que o eu lógico seja produzido pelo não-eu, ou seja, ele só pode ser produzido pelo eu absoluto.

Quando se trata do eu absoluto, então não falamos de:

1) eu *lógico*, pois este só é pensável em referência a um objeto e é mera expressão do esforço do eu para conservar sua identidade na mudança dos objetos. Justamente por isso, contudo, uma vez que ele só é pensável por meio deste esforço, ele mesmo é garantia do eu absoluto e de sua identidade absoluta.

2) tampouco do *sujeito absoluto na dialética transcendental*, por meio do qual o sujeito lógico, que originariamente não é nada senão *princípio meramente formal da unidade do pensamento, mero correlato da apercepção*, que deve ser realizado como *objeto*, o que imediatamente se contradiz. O sujeito dialético surge por meio da mera *abstração* e da pressuposição paralógica de que o eu na consciência seria pensável como objeto determinável independentemente da consciência. *Por meio disso*, o eu dialético diferencia-se tanto do eu lógico quanto do puro. Pois nenhum dos dois surgiu por meio de uma abstração. Aquele não é mais do que o princípio formal da unidade do pensar (e, portanto, da própria abstração), este é mais elevado que toda abstração e só pode ser posto por si mesmo.

O eu absoluto, portanto, não é princípio meramente formal, nem ideia, nem objeto, mas é determinado como eu puro na intuição intelectual como realidade absoluta. Portanto, quem exige uma prova de que "algo fora de nossa ideia lhe corresponda" não sabe o que está exigindo; pois 1) ele não é dado por uma ideia, 2) ele se realiza a si mesmo, produz a si mesmo e, portanto, não precisa ser primeiramente realizado. Pois, se ele devesse ser realizável, então a mesma ação por meio da qual ele deveria ser realizado já o pressuporia, ou seja, a sua realização, como algo posto fora de si mesmo, suprime a si mesma. Ou ele não é nada ou é realizado por si mesmo e em si mesmo — não como objeto, mas como *eu*.

A filosofia, portanto, está protegida contra toda ilusão, justamente por isto, que o eu absoluto é estabelecido como princípio. Pois o eu como objeto só é possível pela ilusão dialética, como nós mesmos provamos, o eu em significado lógico, contudo, não tem significado senão na medida em que é princípio da unidade do pensar, desaparecendo com o próprio pensar e não tem outra senão uma realidade meramente pensável.[57] — Ou o princípio de toda filosofia deve ser um não-eu, com que se deve dispensar toda filosofia. Pois o não-eu não é ele mesmo originariamente determinável senão apenas em oposição ao eu e não tem realidade alguma se o eu absoluto não tiver realidade.

Observação 3. Chama a atenção que a maior parte das línguas tem a vantagem de poder distinguir o ser absoluto de todo existir condicionado. Tal distinção, que atravessa todas as línguas originárias, remete a um fundamento originariamente presente, que já determinava a mesma na primeira formação da língua, sem que se fosse consciente disso. Chama igualmente a atenção que a maior parte dos filósofos ainda não aproveitou esta vantagem que a língua lhes oferece. Quase todos utilizam as palavras: ser,[58] ser-

---

[57] Assim, a proposição da consciência cai por si mesma como princípio da filosofia. Pois se revela que por meio dela o objeto e o sujeito são determinados meramente como lógicos, que ela não tem, ao menos enquanto deve ser princípio mais elevado, nenhum significado real. Nenhum outro filósofo penetrou com mais força nesta falta de realidade da proposição da consciência que Salomon Maimon. (N.A.)
[58] *Seyn*.

-aí,[59] existência,[60] efetividade[61] como se tivessem quase o mesmo significado. Mas a palavra *ser* expressa o puro ser posto absoluto, por outro lado, *ser-aí* descreve já etimologicamente um ser posto condicionado e delimitado. E ainda assim se fala geralmente, por exemplo, do *ser-aí de Deus*,[62] como se Deus pudesse efetivamente estar aí,[63] ou seja, ser posto condicionada e empiricamente. (É o que quer, aliás, a maior parte das pessoas e, como parece, até mesmo filósofos de todos os tempos e partidos). Quem pode dizer do eu absoluto: *ele é efetivamente*, nada sabe dele.[64] *Ser* expressa o ser posto *absoluto*, *ser-aí*, contudo, um ser posto *condicionado*, *efetividade* expressa um ser posto condicionado *de determinada maneira, mediante uma condição determinada*. O fenômeno particular em todo o conjunto do mundo tem *efetividade*, o *mundo* dos fenômenos *em geral* tem *ser-aí*, aquilo que é posto absolutamente, porém, o eu, é. Eu sou! É tudo que o eu pode afirmar de si.

Pensou-se, diferentemente, que o ser puro caberia às *coisas em si*. — Mas eu acredito que aquilo que Kant diz das coisas em si não se deixa explicar senão por seu muitas vezes observado *sistema de condescendência*. Pois a ideia de coisa em si tem de ser uma ideia contraditória segundo as próprias deduções kantianas. Pois a coisa em si não é nada mais, nada menos que uma coisa que não é coisa

---

[59] *Daseyn.*
[60] *Existenz.*
[61] *Wirklichkeit.*
[62] Na filosofia teórica, Deus deve ser realizado como não-eu, aquela expressão, portanto, está aqui em seu lugar. Por outro lado, na filosofia prática, ela só pode ser usada polemicamente contra aqueles que querem tornar Deus em um objeto. (N.A.)
[63] *Daseyn* aparece aqui como verbo e pode ser traduzido também como estar aí, no sentido de ter presença ou ocupar um lugar no espaço. (N.T.)
[64] Também o esforço do eu moral não pode ser representado como esforço por efetividade, uma vez que ele se esforça para pôr em si toda realidade. Inversamente, ele se esforça muito mais para elevar toda efetividade ao ser puro e também a si mesmo, uma vez que, condicionado pelo não-eu, ele decai para a esfera do ser-aí. Mas o eu puro só pode ser apresentado esquematicamente como objeto do esforço de um sujeito moral, ou seja, de um eu condicionado, ou seja, como ser-aí em todo tempo. Aí está a tarefa infinita da razão prática de tornar idênticos em nós o ser absoluto e o ser-aí empírico. Uma vez que o ser-aí empírico em toda eternidade não pode ser elevado ao ser absoluto e este nunca pode ser apresentado como efetivo em nós no campo da efetividade, a razão exige ser-aí infinito para o eu empírico; pois o absoluto tem eternidade em si mesmo e nunca pode ser atingido pelo conceito de duração, mesmo que duração infinita. (N.A.)

alguma. Onde há intuição sensível, há não-eu e onde há não-eu, há intuição sensível. Nenhum não-eu é intuído *intelectualmente*, mas apenas o eu puro. Não se pode dizer, por exemplo, que Deus intuiria as coisas em si. Deus certamente não intui fenômeno algum e tampouco coisas em si ou coisa alguma, meramente *a si mesmo e põe toda realidade como igual a si* (pelo que se esclarece por que Deus é algo que só podemos nos esforçar para realizar em um progresso infinito). Se Deus é determinável como objeto (conforme Espinosa), mas sob a forma da infinitude, então todos os objetos têm de estar contidos nele e o espinosismo só é refutável por Deus ser representado como idêntico ao eu absoluto (que *exclui* todo objeto). Em consequência de seu sistema de acomodação, Kant falou das formas da intuição sensível como meras formas da intuição *humana*; só que as formas da intuição sensível e da síntese do múltiplo dela são formas da *finitude* em geral, ou seja, elas têm que ser deduzidas do mero *conceito do eu condicionado por um não-eu*, do que segue que onde há objeto também tem que haver intuição sensível e, portanto, que um não-eu fora de toda intuição sensível (coisa em si) suprime a si mesmo, que não é coisa alguma, mero não-eu, portanto, nada por excelência. — Disse-se que seria culpa da *fraqueza* da razão humana (uma palavra com que desde sempre se cometeram muitos abusos) que não conhecemos as *coisas em si*; poder-se-ia antes dizer que a fraqueza está *em geral* em reconhecermos objetos.

[Os conceitos de *idealismo* e *realismo* obtêm agora, depois de o conceito de não-eu ser determinável em oposição ao eu absoluto, o seu significado correto. Confundem-se ambos no significado *empírico* e *puro*. Idealismo e realismo *puro* não têm nada a ver com a determinação da relação do objeto *representado* com o objeto *empírico*. Ambos só se importam com resolver a questão: como é possível que ao eu em geral seja contraposto algo originariamente, ou seja, que ele seja empírico. — A resposta dos *idealistas* só poderia ser que o eu *não é nada empírico*, caso em que a necessidade dele de contrapor algo a si mesmo é negada e, com isso, a licença para a filosofia teórica em geral.⁶⁵ Este idealismo, contudo, só é pensável como ideia (do fim) último no *sentido prático* (como regulativo prático), pois como idealismo teórico ele se suprime a si mesmo. Com isso, não há um idealismo teórico puro e, uma vez que o empírico *não* é idealismo algum, não há *em geral* qualquer idealismo na filosofia teórica.

O *realismo* puro põe o ser-aí do não-eu em geral e este *ou como igual ao eu absoluto puro*, como se poderia interpretar em todo caso o idealismo de Berkeley — (realismo que suprime a si mesmo).

Ou independentemente do eu em geral, como em Leibniz e Berkeley, que foi erroneamente contado entre os idealistas (realismo transcendente).

Ou dependentemente do eu, pela afirmação de que em geral não existiria nada senão o que o eu põe e que o não-eu só seria pensável sob a pressuposição de um eu *absoluto*, não condicionado por um não-eu, que, portanto, *só poderia ser posto* por meio do eu. (Vale dizer, para poder (1) pôr o não-eu em geral, o eu absoluto tem até que ser posto anteriormente, uma vez que aquele só é determinável em *oposição* a este. No pôr originário, ele é mera *oposição* com negação absoluta. Portanto, para fazer (2) com que ele *possa ser posto* em geral e atribuir-lhe realidade, ele tem de ser *posto* no eu absoluto, por meio apenas do qual tudo aquilo que é pode ser posto, ou seja, ser elevado à realidade. Contudo, ele só pode obter realidade *mediante* um conjunto absoluto de *toda* realidade — *realismo kantiano imanente*.⁶⁶)

---

⁶⁵ Idealismo transcendente e imanente desmoronam, pois idealismo imanente não poderia mais que negar o ser-aí dos objetos nas representações, o que o transcendente igualmente tem que negar. Justamente porque é idealismo e porque não permite um mundo objetivo, ele deveria buscar os fundamentos de sua afirmação apenas no eu e ser, portanto, fundamentalmente idealismo imanente. (N.A.)

⁶⁶ Por meio deste realismo é, ao mesmo tempo, descrito o campo próprio da investigação da natureza, que ela não pode, nomeadamente, pretender "penetrar o interior dos objetos", ou seja, assumir os fenômenos como determináveis segundo sua natureza independentemente do eu, mas observar toda a realidade que lhes é atribuída meramente como realidade em geral que não tem qualquer consistência fundada nos objetos mesmos, a qual é pensável apenas na relação (com o eu), e, portanto, não atribuir aos objetos

Ou, finalmente, até mesmo *originariamente independente* do eu, mas presente na *representação* apenas *por meio do* eu e *para* o eu — (realismo transcendente-imanente [inconcebível] de muitos kantianos e, nomeadamente, de Reinhold,[67] que recusou para si o título sectário de kantiano).

Ou o *idealismo empírico* é sem sentido ou só é pensável em referência a um realismo transcendental. Assim, Leibniz (e também Descartes) foi um idealista empírico ao negar o ser-aí dos objetos externos como *corpos* e, por outro lado, um realista objetivo ao admitir o ser-aí de um não-eu em geral independente do eu.

O realismo *transcendente* é necessariamente idealismo *empírico* e vice-versa. Por ver os objetos em geral como coisas em si, o realismo transcendente só pode ver o mutável e condicionado neles como produto do eu empírico e apenas observá-los, na medida em que têm a forma da identidade e da imutabilidade, como coisas em si. Assim, para salvar a identidade e a imutabilidade das coisas em si, Leibniz teve que se refugiar na harmonia pré-estabelecida. Em suma, se o dogmatismo (que afirma o *não-eu* como o absoluto) tem que representar as coisas em si sob aquelas formas que, desde o criticismo, são particulares do *eu* (como o único absoluto) e que são primeiramente transmitidas por este (na síntese) para o não-eu (substancialidade idêntica, ser puro, unidade etc.); ele tem, ao contrário, que observar como pertencente meramente ao *fenômeno* da coisa em si aquelas formas que, na síntese, o objeto obtém do não-eu originário (mudança, multiplicidade, condicionalidade,

---

nenhuma realidade independente desta realidade emprestada e pressupô-los como dados fora da mesma, uma vez que são, abstraindo-se daquela realidade transmitida, = 0 por excelência; por isso, as suas leis só são determináveis em referência a sua realidade aparente e não se pode pressupor que a realidade no fenômeno seja determinável por meio da causalidade de uma outra realidade não contida no fenômeno, por meio de um substrato do objeto efetivo fora do fenômeno; uma vez que se quisesses buscar, por assim dizer, uma outra realidade por trás da aparente (transmitida), originariamente pertencente ao objeto, não se depararia senão com negação. (N.A.)

[67] Ao menos não consigo explicar a expressão para mim mesmo: as coisas em si dão o material para as representações. (As coisas em si não dão mais do que os limites da realidade absoluta na representação.) — Veja-se antes de qualquer coisa o § 29 da teoria da faculdade de representação, o quanto esta, segundo as explicações do autor, deve ser uma excursão filosófica! (N.A.)

negação etc.).[68] Por isso, as mônadas leibnizianas têm a forma originária do eu (unidade e realidade, substancialidade idêntica e ser puro, enquanto essência representativa); todas aquelas formas que partem do não-eu para o objeto (negação, multiplicidade, acidentalidade, causalidade no sentido *passivo*, ou seja, condicionalidade), tiveram, ao contrário, que ser explicadas meramente como presentes empírica e idealisticamente na representação *sensível* dele. — Portanto, o idealismo empírico tem sentido e significado no dogmatismo consequente, pois é consequência necessária do realismo transcendente. Mas se deve ser pensado como fundamento de explicação do não-eu em geral, então ele suprime a si mesmo. É ridículo querer tornar concebível o não-eu segundo seu ser-aí meramente como produto de uma faculdade empírica, como, por exemplo, a imaginação. Pois se quer saber como o não-eu em geral se torna possível, ou seja, como uma faculdade empírica em geral se torna possível.]

[68] O não-eu só é determinável na contraposição absoluta em relação ao eu, mas ele, negação absoluta, é por isso determinado como condicionalidade absoluta na contraposição originária segundo a relação, pois é oposto ao absoluto e é portanto condicionado por este, mas ao mesmo tempo contraposto por excelência, ou seja, incondicionado. Aquilo que é por excelência contraposto ao absoluto é ao mesmo tempo necessariamente condicionado e incondicionado, ou seja, = 0 por excelência. Segundo a quantidade, ele é determinado como absoluta pluralidade, mas multiplicidade absoluta é uma contradição, pois multiplicidade é condicionada por unidade. Segundo a modalidade, ele é determinado como ser contraposto por excelência ao ser absoluto, ou seja, como não-ser absoluto, segundo a qualidade como qualidade contraposta por excelência à realidade absoluta, ou seja, como negação absoluta. Portanto, se o não-eu deve conter realidade, então ele só é possível se não é contraposto por excelência ao absoluto — ou seja, se é posto no conjunto absoluto de toda realidade. Agora, a marcha de toda síntese é esta que aquilo que é posto por excelência na tese e na antítese é posto nela com limitação, ou seja, condicionadamente. Portanto, na síntese a unidade absoluta do eu se torna empírica, ou seja, unidade pensável apenas em referência à multiplicidade (categoria da unidade), a absoluta multiplicidade do não-eu se torna empírica, multiplicidade pensável apenas em referência à unidade (categoria da multiplicidade), a realidade absoluta do eu se torna condicionada, realidade pensável apenas em referência à negação limitadora (categoria da realidade), a absoluta negação do não-eu em negação pensável apenas em referência à realidade (categoria da negação), a incondicionalidade absoluta do eu em empírica, incondicionalidade pensável apenas em referência à condicionalidade (categoria da substância), o ser absoluto do eu em um ser determinável apenas em referência ao não-ser (categoria da possibilidade), o não-ser absoluto do não-eu em um não-ser determinável apenas em referência a um não-ser (categoria do ser-aí). (N.A.)

Leibniz, ou melhor ainda, o *dogmatismo* consequente vê os fenômenos nada mais nada menos como limitações da realidade infinita do *não-eu*; segundo o sistema *crítico*, eles também não são mais que limitações da realidade infinita do eu. (Os *fenômenos*, portanto, não são distintos do eu segundo a espécie [realidade], mas apenas segundo a *quantidade*. Leibniz tinha razão ao dizer que a *manutenção* do mundo dos fenômenos seria o mesmo ato do objeto absoluto que a criação. Pois, de acordo com o dogmatismo, o mundo dos fenômenos surge e permanece meramente na limitação do não-eu absoluto. — A criação, portanto, de acordo com o sistema crítico, que permite apenas afirmações *imanentes*, não é a mais que a exposição da realidade infinita do eu nos limites do finito. Uma determinação dela por meio de uma causalidade efetiva fora do eu absoluto — por meio de um infinito fora do infinito — seria *voar para fora do eu*.) Em Leibniz, tudo que está aí é não-eu, mesmo Deus, em que toda realidade é unificada, porém fora de toda negação; segundo o sistema crítico (que parte de uma crítica da faculdade subjetiva, ou seja, do eu) o eu é tudo; ele compreende uma esfera infinita, na qual se formam as esferas finitas (limitadas pelo não-eu), que só são igualmente possíveis na esfera infinita e por meio dela, e também recebem toda realidade desta e nesta.[69] (*Filosofia teórica*.) Naquela esfera infinita tudo é intelectual, tudo é ser absoluto, unidade absoluta, realidade absoluta, nestas tudo é condicionalidade, efetividade, limitação: se rompemos estas esferas (filosofia prática), então estamos na esfera do ser absoluto, no mundo suprassensível, onde tudo é *eu* e fora do eu não há nada e este eu é só um.

* * *

---

[69] A expressão de muitos desvairados [Schwärmerer]: o sensível estaria no suprassensível, o natural no supranatural, o terreno no celeste, admite uma interpretação muito racional. As suas expressões contêm em geral e com muita frequência um tesouro de verdade pressagiada e sentida. Segundo a comparação de Leibniz, elas são vasos dourados do Egito, os quais devem ser desviados pelo filósofo para um uso mais sagrado. (N.A.)

... Eu queria a língua de Platão ou de seu amigo Jacobi para poder distinguir o ser absoluto e imutável de toda existência condicionada e mutável. Mas vejo que estes homens mesmos lutaram com sua língua quando quiseram falar do imutável e suprassensível — e penso que aquele absoluto em nós não pode ser encerrado por uma mera palavra de uma língua humana e que apenas a intuição conquistada por nós mesmos do intelectual em nós pode vir em auxílio da obra defeituosa de nossa língua.

Intuição conquistada por nós mesmos. O incondicionado em nós é turvado pelo condicionado, o imutável pelo mutável — o que, tu esperas que o condicionado exponha novamente para ti mesmo o incondicionado, a forma da mutabilidade e da mudança a forma originária do ser, a forma da eternidade e da imutabilidade? —

Estás vinculado a objetos com teu conhecimento, tua intuição intelectual é turvada e teu ser-aí é para ti mesmo determinado no tempo, por isso mesmo aquilo apenas por meio de que vieste ao ser-aí, onde tu vives e ages, pensas e conheces, torna-se para ti no *fim* de tua vontade apenas um objeto da *crença* — quase como algo distinto de ti mesmo, que te esforças ao infinito para expor em ti mesmo como ser finito e que, porém, jamais achas como efetivo em ti — o início e o fim de seu saber são o mesmo – lá intuição, aqui crença!

* * *

§. 16.

O eu põe a si mesmo por excelência e põe em si toda realidade. Ele põe tudo como pura identidade, ou seja, *tudo como igual a si mesmo*. Assim, a *forma originária material* do eu é a unidade do pôr, na medida em que ele põe tudo como *igual a si*. O eu absoluto nunca sai de si mesmo.

Por meio dessa forma originária *material*, contudo, está ao mesmo tempo necessariamente determinada no eu uma forma *formal* do pôr em geral. Nomeadamente, o eu é determinado como substrato de toda ponibilidade.[70] Se o eu é o *conjunto material* de toda realidade (§. 8), então ele é ao mesmo tempo também condição *formal* do pôr em geral e assim obtenho no eu uma forma pura da ponibilidade em geral, mas que é necessariamente determinada por meio daquela forma originária material da identidade do eu (por meio da qual ele põe toda realidade como igual a si mesmo, ou seja, em si mesmo). Se o eu não pusesse originariamente tudo como igual à *sua* realidade, ou seja, como idêntico a si mesmo, para si mesmo, contudo, como a mais pura identidade, então nada poderia, por excelência, ser idêntico e seria possível que se pusesse A = não A. O eu pode ser o que quiser (mas não é nada se não é absolutamente igual a si mesmo, por ser posto apenas por meio de si mesmo), então, se ele é idêntico a si mesmo, está nele a expressão universal do pôr: A = A. Se o eu é posto como idêntico a si mesmo, então, excetuando-se tudo *que* o eu é, tudo que é posto no eu é determinado não como diferente de si mesmo, assim como é posto, mas como posto no mesmo eu. Por meio da pura identidade do eu ou porque o eu só é mediante sua identidade, por meio do ser do eu em geral, torna-se possível no eu um pôr em geral. Se o eu não fosse igual a si mesmo, então tudo que é posto no eu seria ao mesmo tempo posto e não posto, ou seja, nada seria posto, não haveria uma forma do pôr.

Só que como o eu põe tudo o que põe como a igual à sua realidade, então, na medida em que no eu a forma do pôr é determinada meramente pelo eu, o posto é observado apenas *na qualidade de seu ser-posto no eu*, ou seja, não como algo *oposto* ao eu; por meio de sua forma originária da identidade o eu não

---

[70] *Setzbarkeit* é um substantivo composto a partir do adjetivo *setzbar*, que, por sua vez, vem do verbo *setzen*, pôr. *Setzbar* é aquilo que pode ser posto, que é ponível. Com *ponibilidade* se quer dizer, portanto, a possibilidade de ser posto. (N.T.)

determina nada senão a realidade em geral e, por excelência, nenhum *objeto* como tal, na medida em que este é oposto ao eu. A proposição eu = eu é, portanto, a fundação de *todo* pôr. Pois o próprio eu só está posto na medida em que é posto para si mesmo e através de si mesmo; todo o resto que é posto, contudo, só o é na medida em que o eu é posto anteriormente; o que é posto, no entanto, só é posto por excelência na medida em que é posto como igual ao eu posto por excelência e, portanto, uma vez que o eu só pode ser posto como igual a si mesmo, é idêntico a si mesmo. A = A é a fórmula *universal* do pôr por excelência porque por meio dela não é afirmado nada senão que é posto aquilo que é posto.

Agora posso pôr no eu de acordo com o livre arbítrio, só não posso pôr aquilo que não ponho. Portanto, ponho A e, como o ponho no eu, como igual a qualquer realidade = B, mas necessariamente como algo igual a si mesmo, ou seja, ou como B ou como B = C. Se fosse posto como B e como B = C, então o próprio eu seria suprimido. Nesta medida, a proposição A = A, enquanto fórmula *universal* (do pôr-se como igual a si mesmo) antecede todas as proposições fundamentais formais; na medida em que é uma proposição *especial* — (de *conteúdo* especial) —, ela fica sob o gênero universal das proposições condicionadas postas por excelência por meio dela na medida em que é mera fórmula.

Todas as proposições postas incondicionadamente, todas cujo pôr é condicionado apenas pela identidade do eu, podem se chamar *analíticas*, porque o seu ser posto pode ser desenvolvido a partir delas mesmas, ou melhor, proposições téticas. Proposições téticas são todas as que são condicionadas apenas por seu ser posto no eu, ou seja, todas as que são postas incondicionadamente, uma vez que tudo é posto no eu. (Digo que são postas. Pois o mero *ser posto* pertence à fórmula formal.)

Uma espécie particular de proposições téticas são as proposições *idênticas*, assim como A = A é vista como proposição especial (ou seja, tais em que sujeito e predicado são o mesmo, cujo sujeito tem apenas a si mesmo como predicado. Assim o eu só é eu, Deus apenas Deus, tudo, no entanto, que está na esfera da existência tem predicados que estão fora de sua essência). Que elas sejam proposições téticas pertence à fórmula *formal*, que elas sejam *idênticas*, à *material*. Proposições idênticas são necessariamente téticas, *porque* nelas A é posto por excelência como tal e porque é A. Mas proposições téticas não são necessariamente idênticas, pois proposições téticas são todas cujo ser posto não é condicionado por outro ser posto. Assim, A = B pode ser uma proposição tética, embora não seja uma proposição idêntica, a saber, se mediante o mero pôr de A, é posto B, mas não inversamente se por meio do *mero* pôr de B, é posto A.

A forma das proposições téticas é meramente condicionada pela identidade pura do eu. Uma vez que elas sempre expressam *formalmente* apenas a forma material da incondicionalidade, determinada pelo eu, então a forma formal delas tem de ser de todo paralela à forma material do eu.

O eu só é porque é, ou seja, porque é igual a si mesmo, portanto, pela mera *unidade de sua intuição*. As proposições téticas são agora determinadas meramente por seu *ser posto no eu*. O eu, contudo, só é por meio da unidade de sua intuição. Assim, aquilo que é posto na proposição tética tem que ser determinado apenas *pela unidade de sua intuição determinada no eu*. (Quando julgo que A = B, não julgo acerca de A na medida em que é determinado por qualquer coisa fora de si, mas sim na medida em que é determinado apenas por si mesmo, por meio da unidade de seu ser posto no eu, não como *objeto* determinado, mas como realidade em geral, como ponível no eu em geral. Portanto, não julgo que este ou aquele A, neste ou naquele determinado ponto do espaço do tempo, é = B, mas sim se A *como* tal, na medida em que é A e por meio da determinação por meio da qual é A, ou seja, igual a si mesmo. Toda determinação numérica de A é assim excluída, seja a determinação *numérica* da unidade ou da multiplicidade. A unidade numérica pode até ocorrer na proposição tética, mas não como pertencente à forma dela. Pode-se, por exemplo, julgar: o corpo A é extenso. Se esta deve ser uma proposição tética, então o corpo A tem que ser pensado meramente na unidade de seu ser posto no eu, não como *objeto determinado* e em um espaço determinado; ou, muito mais, *na medida em que* a proposição é *tética*, A é pensado meramente na unidade de seu ser posto. Aquilo que o torna uma proposição tética não é o corpo determinado A, mas o *pensar* dele em sua unidade. O A na proposição tética em geral é determinado segundo seu *mero* ser posto, não como gênero, nem como espécie, nem como indivíduo. A multiplicidade é posta porque o uno é posto *diversas vezes*, não porque é posto *por excelência*. Portanto, a proposição que afirma uma multiplicidade não é *antitética* apenas segundo seu conteúdo, mas também de acordo com a mera *forma de seu ser posto*. Apenas por algo ser originariamente oposto ao eu, pelo eu mesmo ser posto como multiplicidade (no tempo), é possível que o eu ultrapasse a unidade do mero ser posto em si mesmo e que ponha, por exemplo, diversas vezes o mesmo posto, ou que ponha simultaneamente dois conceitos que nada têm em comum um com o outro e que não são pensáveis sob uma unidade, tais como *corpo* e *peso*.

Universalidade[71] é unidade empírica, ou seja, unidade produzida por multiplicidade e é, portanto, a forma de uma *síntese*. Proposições universais[72] não são téticas nem antitéticas, mas sim proposições *sintéticas*.

O eu é simplesmente porque põe toda *realidade*. Portanto, se proposições téticas (ou seja, aquelas que são determinadas por meio de seu mero pôr no eu) devem ser possíveis, então têm que por excelência pôr algo (afirmar). Assim como elas negam, o seu pôr não é condicionado por meio do mero eu, pois este não contém qualquer negação, mas por algo *fora* dele (que lhe é oposto). (A proposição afirmativa põe em geral algo em uma esfera da realidade — a proposição tético-afirmativa apenas na esfera da realidade *em geral*. A proposição negativa não põe em

---

[71] *Allgemeinheit*.
[72] *Allgemein*.

geral em uma esfera *determinada*; mas só como ela não põe em outra esfera aquilo que tira de uma esfera, então ela o tira da esfera da realidade em geral. O juízo tético-negativo [de resto, infinito] não tira A apenas de uma esfera determinada, mas o põe ao mesmo tempo em uma outra, oposta àquela. Assim, por exemplo, a proposição: Deus não é efetivo, tira Deus da esfera da efetividade sem pô-lo em uma outra; mas a proposição: Deus é não efetivo, põe-no ao mesmo tempo em uma outra esfera, aquela que contradiz a esfera da efetividade. Para produzir um juízo tético-negativo não se requer apenas vincular arbitrariamente a negação com o predicado, mas que o sujeito seja posto já por meio de seu *mero* pôr no eu em uma esfera oposta ao predicado. Assim não posso transformar, por exemplo, a proposição negativa: um círculo não é quadrado, em um juízo tético-negativo; pois o sujeito círculo não é posto já por meio de seu mero ser posto em uma esfera oposta por excelência à esfera do quadrado; o círculo também poderia ser pentagonal ou quadrado. Por outro lado, a proposição: um círculo não é doce, é necessariamente um juízo infinito; pois o sujeito círculo já é posto por meio de seu mero ser posto fora da esfera do doce, portanto, em uma esfera diretamente oposta àquela. Por isso, também no juízo tético-negativo a negação não está na cópula, mas no predicado, ou seja, o sujeito não é apenas tirado da esfera do predicado, mas é *posto* em uma outra esfera, oposta à esfera do predicado. — Maimon, pelo que sei, foi até agora aquele que se aprofundou com mais determinação nesta distinção do juízo infinito em relação a afirmativo e negativo.)

O eu é *meramente por meio de si mesmo*. Sua forma originária é a do ser puro. Se algo deve ser posto no eu meramente porque é posto, então não tem que ser condicionado por nada fora eu; pois ele é meramente por meio de seu ser posto no eu e o eu não contém nada que fique fora da esfera de sua essência. Portanto, as proposições téticas põem um ser que é condicionado meramente por meio de si mesmo (nenhuma possibilidade, efetividade, necessidade, mas mero ser).

(A determinação das formas da modalidade ainda não foi passada inteiramente a limpo. As formas originárias do ser e do não-ser até mesmo fundamentam todas as outras formas. Pois nelas tese e antítese (a contradição entre eu e não-eu) são contidas de maneira inteiramente universal e meramente *formal*: portanto, elas também têm que expressar esta síntese de maneira inteiramente universal e meramente formal quando esta contradição é transmitida por meio de *síntese*. Mas *por causa disso*, contudo, a possibilidade, a efetividade e a necessidade material (objetiva) não pertencem àquelas originárias que antecedem toda síntese; pois elas expressam *materialmente* aquilo que aquelas expressam *de maneira meramente formal*, ou seja, em referência a uma síntese *já realizada*. Portanto, elas não são categorias, uma vez que categorias são propriamente aquelas formas por meio das quais a síntese do eu com o não-eu é determinada, mas contêm todas juntas a *silepse de todas* as categorias. Pois, uma vez que elas mesmas expressam o mero pôr, sendo transmitida, contudo, por meio das categorias (da relação, da quantidade e da qualidade) a ponibilidade [Setzbarkeit] do não-eu no eu, então elas não podem mais ser condições desta ponibilidade, mas apenas resultado da síntese ou *conceitos silépticos* de toda síntese.

Originariamente só há *ser puro* no eu e nada além do que é posto como igual ao eu pode ser posto sob esta forma; é por isso também que o ser *puro* é expresso única e exclusivamente em proposições téticas, porque nestas o posto não é determinado como algo contraposto ao eu, como *objeto*, mas apenas como realidade do eu em geral.

A fórmula própria para proposições téticas é esta: A é — ou seja, ele tem uma esfera idêntica do ser que é própria, em que pode ser posto tudo que é determinado meramente pelo ser de A, por meio de seu ser posto no eu. Por outro lado, deve também haver uma fórmula universal para a antítese, que, como o A expressa o ser em geral, tem de ser esta: A > - A. Por meio disto, uma vez que A é posto no eu - A é necessariamente posto *fora* do eu, independentemente do eu, sob a forma do não-ser. Assim como a primeira fórmula torna possível uma tese originária, esta última torna possível uma antítese originária.

Mas o problema agora são estas tese e antítese originárias: a síntese *total* da filosofia[73] e, assim como as formas puras da modalidade expressam a forma da tese e da antítese originária e universalmente, elas têm também que conter a forma da síntese possível originariamente e antes de toda síntese. Esta forma é a *determinação do não-ser por meio do ser*, fundamentando toda síntese possível enquanto forma originária da determinação.

O ser puro só é pensável no eu. O eu é posto por excelência. O não-eu, contudo, é contraposto ao eu e, portanto, *pura impossibilidade* segundo sua forma originária, ou seja, não ponível por excelência no eu. Mas agora ele deve ser posto no eu e este pôr do não-eu no eu transmite a *síntese ao* identificar a forma do próprio não-eu com a forma do eu, ou seja, procura determinar o não-ser do não-eu por meio do ser do eu.

Uma vez que o *ser puro* é a *forma originária* de toda ponibilidade, a ponibilidade do não-eu no eu sendo contudo transmitida apenas por síntese, então a forma do ser puro, na medida em que deve ser atribuída ao não-eu, só é pensável como *adequabilidade à síntese em geral* (conforme a linguagem kantiana: *possibilidade objetiva*, ou seja, possibilidade [ponibilidade no eu], atribuída a um objeto como tal, só é contida na adequabilidade à síntese). Originariamente, o não-eu é logicamente impossível para o eu; porque para o eu não há senão proposições téticas e o não-eu nunca pode se tornar conteúdo de uma proposição tética, contradizendo diretamente a forma do eu. Apenas na medida em que o não-ser do não-eu é determinado pelo ser do eu, ou seja, na medida em que uma *síntese* do ser e do não-ser é realizada, o não-eu se torna ponível no eu e

---

[73] Sob as categorias de cada forma, a primeira sempre é expressão da forma originária do eu, a segunda expressão do não-eu, a terceira finalmente a síntese em que as duas primeiras são unificadas e obtêm agora primeiramente sentido e significado em referência a objetos. Falando apenas de passagem, a forma da qualidade se refere à da modalidade, a forma da quantidade à da relação, portanto, as categorias matemáticas são determinadas pelas dinâmicas e não o contrário. (N.A.)

só pode, portanto, ser representado como adequação à síntese em geral: assim, a possibilidade lógica do não-eu é condicionada pela objetiva e a possibilidade formal pela material.

Por isso, as *proposições problemáticas* são aquelas cuja possibilidade lógica é condicionada pela objetiva, mas ficam, na própria lógica, apenas sob a forma pura do ser que antecede toda síntese e é impossível que sejam elas mesmas estabelecidas como gênero especial. Uma vez que elas são meramente uma afirmação da possibilidade *lógica* transmitida por possibilidade objetiva, mas como a possibilidade lógica é em toda parte a mesma, elas pertencem à lógica apenas em vista daquilo *por meio de que* são *proposições problemáticas*. — Quero chamar a possibilidade objetiva de *lógico-objetiva*, na medida em que transmite a possibilidade lógica (esquema da possibilidade lógica), de *proposições essenciais* as que simplesmente expressam o *ser puro*, a *possibilidade pura*[74] e de problemáticas aquelas proposições que expressam uma possibilidade *lógico-objetiva*. Portanto, as proposições problemáticas só ocorrem na lógica na medida em que são simultaneamente proposições essenciais.

As *proposições existenciais* são determinadas pela oposição originária do não-eu, mas só obtêm possibilidade por meio da síntese. Portanto, elas são condicionadas por meio da possibilidade lógico--objetiva, embora não afirmem a mera possibilidade. O não-eu só é posto na síntese *em geral* por meio de possibilidade lógico-objetiva, mas uma proposição existencial o põe em uma síntese *determinada*. Mas o não-eu, elevado à forma do eu, deve ser posto apenas por meio do esquema do *ser puro*, mediante sua mera possibilidade, ou seja, por meio de síntese *em geral*, assim como o eu é posto por meio da tese em geral (pois onde há tese, há eu, e onde há eu,

---

[74] A palavra possibilidade lógica pura deveria ser extinguida: a expressão necessariamente provoca incompreensões. Na verdade, só há possibilidade real, objetiva; a assim chamada possibilidade lógica não é nada senão-ser puro, como expresso na forma da proposição tética. Quando, por exemplo, se diz que a proposição: eu é eu teria a forma da possibilidade pura, então isso é facilmente incompreendido, mas não quando se diz: sua forma seria a do ser puro (em oposição ao ser-aí ou contra a possibilidade lógica que só é condicionada por possibilidade objetiva). (N.A.)

há tese). Somente a forma originária do objeto é condicionalidade. Por meio desta, na medida em que podem ser expostos por meio do esquema do tempo, os objetos obtêm *ser-aí* apenas ao *determina*r reciprocamente a sua *posição* no tempo: o seu ser-aí em geral só é determinado por meio de sua *efetividade*, ou seja, por meio de seu ser-aí em uma síntese *determinada*. Deve entrar, com isso, uma nova síntese, que, assim como o ser e o não-ser só poderiam ser transmitidos originariamente por meio da determinação do não-ser por meio do ser, só transmite, por sua vez, possibilidade objetiva (o resultado daquela síntese) com efetividade, se determina esta por meio daquela. Agora, a possibilidade lógico-objetiva é o ser posto na síntese *em geral*, a efetividade é o ser posto na síntese determinada: portanto, o não-eu tem que ser posto na síntese *determinada* apenas na medida em que é posto simultaneamente na síntese em geral, ou seja, ele deve ser posto em *toda* síntese, pois *toda* síntese é igual à síntese em geral tanto quanto à síntese determinada.

* * *

Acredito que todo o progresso desta síntese se torne mais claro para o leitor se representado em uma tábua como a que se segue:

TÁBUA DE TODAS AS FORMAS DA MODALIDADE

I

1.	1.
Tese	***Antítese***
Ser absoluto, *ponibilidade absoluta* determinada originariamente apenas no *eu* e por meio dele.	*Não-ser* absoluto, independência absoluta do eu e *não ponibilidade absoluta* determinável apenas em oposição ao mesmo.

3.
Síntese

Ponibilidade *condicionada* determinável pelo *acolhimento* no eu, ou seja, *possibilidade* do não-eu.[75] (Esta possibilidade se chama possibilidade lógico-objetiva porque o não-eu só se torna *objeto* por meio da recepção no eu e porque aquela recepção no eu só se torna possível por meio da *síntese* anterior [por meio das categorias], adequação à síntese em geral [às categorias], *ser-aí* no tempo em geral.)

II

1.
Tese
Ser condicionado por meio da síntese em geral, ou seja, por meio da recepção objetiva no eu. Possibilidade lógico-objetiva, ser-aí no tempo em geral.

1.
Antítese
Ser determinado *objetivo*, não determinado *meramente* pelo eu, ser-aí em síntese *determinada* (tempo), ou seja, *efetividade*.

3.
Síntese

Ser condicionado do ser posto (determinado pelo *objeto*) em síntese *determinada* por meio do ser posto na síntese em geral (determinado pelo eu), *ser-aí*[76] *em toda síntese*. — Determinação da efetividade por meio da possibilidade lógico-objetiva. — *Necessidade*. (Assim, todo o progresso da síntese 1. vai do ser e do não-ser para a possibilidade, 2. da possibilidade e da efetividade para a necessidade).

* * *

[Uma vez que o tempo é condição de toda síntese e é por isso produzido pela imaginação por meio e na síntese, então se pode expor o todo também assim. O *esquema do ser puro* (*posto fora de todo tempo*) é ser-aí no tempo *em geral* (ou seja, na ação da síntese em geral). Portanto, a possibilidade objetiva é o ser posto

---

[75] O não-eu é na contraposição absoluta (antítese) impossibilidade absoluta, agora ele até mesmo obtém na síntese possibilidade, mas apenas incondicionada, assim ele troca possibilidade condicionada por impossibilidade incondicionada. "Nenhuma possibilidade e em troca disso incondicionalidade, ou nenhuma incondicionalidade e em troca possibilidade! — Se o não-eu fosse o incondicionado no saber humano, então ele só poderia sê-lo na contraposição originária, ou seja, na medida em que é nada por excelência". (N.A.)

[76] Ser-aí é a forma em comum sob a qual estão possibilidade, efetividade e necessidade. A diferença entre elas é apenas a determinação temporal mesma, não o pôr ou não-pôr no tempo em geral. Ser-aí em geral é, portanto, resultado da primeira síntese. Na segunda, ele é determinado como possibilidade na tese, como efetividade na antítese e como necessidade na síntese. (N.A.)

no tempo em geral. Uma vez que o ser aí muda no tempo, o objeto simultaneamente pode e não pode ser posto, embora posto no tempo em geral. Para pôr um objeto, tenho que pô-lo em um tempo *determinado*, o que só se torna possível se um outro determinar a sua posição no tempo e deixá-lo, por sua vez, determinar a sua. Mas agora o não-eu deve ser posto apenas por meio de sua *possibilidade*, simplesmente por meio do esquema do ser puro.

Conflita com este pôr por meio da mera possibilidade, contudo, o esquema de sua forma própria, por meio do qual ele só pode ser pensado como posto em *determinado* tempo. Assim como o tempo *em geral* é o esquema de toda a *atemporalidade*,[77] todo tempo (ou seja, a síntese efetiva progredindo ao infinito) é, por sua vez, exposição (imagem)[78] do tempo *em geral* (ou seja, da ação da síntese em geral), por meio da qual o ser-aí no tempo em geral é transmitido com ser-aí em tempo determinado. Portanto, *todo* tempo não é nada senão imagem do tempo em geral e simultaneamente tempo *determinado*, porque *todo* tempo é tão bem determinado quanto uma parte de tempo em particular. Na medida em que o não-eu é posto em um tempo *determinado*, ele obtém sua forma *originária* (da alternância, da multiplicidade, da negabilidade), na medida em é posto no tempo em geral, ele expressa a forma originária esquemática do eu, substancialidade, unidade, realidade. Mas ele é posto em um tempo determinado apenas na medida em que é posto simultaneamente no tempo em geral e vice-versa. A sua substancialidade só é pensável em referência à mudança, sua unidade apenas em referência à multiplicidade, sua realidade apenas em referência à negação (ou seja, com negação — mas ao *infinito*).[79]]

---

[77] *Zeitlosigkeit*, a tradução talvez pudesse ser "ausência de tempo". (N.T.)
[78] Aquilo que um esquema transmite com seu objeto sempre é uma imagem. Esquema é o flutuante no tempo em geral, imagem o posto em um tempo determinado e, ainda, ponível em todo tempo, uma vez que, por outro lado, o objeto mesmo só é posto para mim em determinado tempo. (N.A.)
[79] O resultado dessas deduções é que apenas as formas do ser, do não-ser e do não-ser determinado pelo ser, na medida em que antecedem toda síntese, fundamentam toda síntese e contêm a forma originária de acordo apenas com a qual ela pode ser projetada, podem pertencer à lógica, mas que as formas esquematizadas da possibilidade, da efetividade e da necessidade, tornadas possíveis primeiramente por uma síntese já sucedida, só

Observações. 1. O eu põe originariamente e, como ele é a mais pura unidade, tudo como igual a si, nada contrário a si. A proposição tética não tem, portanto, qualquer outro conteúdo senão o eu, pois o que é posto nele, só é posto como realidade em geral como = eu, na forma de sua identidade com o eu. Tanto no uso teórico quanto no prático, a razão não trata de nada senão de proposições tético-absolutas, = a proposição: eu = eu. No uso teórico, ela se esforça para elevar o não-eu à unidade mais elevada, determinar, portanto, sua existência em uma proposição tética, = a proposição: eu = eu. Neste caso não se perguntaria: o eu está posto?, mas sim, ele está posto *porque* está posto. Portanto, o eu se esforça para pôr o não-eu porque ele está posto, ou seja, para elevá--lo à incondicionalidade. A forma material do esforço da razão determina a formal no regresso silogístico; ambas tratam de um esforço por proposições téticas. A razão teórica se esforça em seu uso *material* necessariamente por uma proposição tético-*material*, como é simplesmente a proposição eu = eu, e que não pode ser nenhuma outra que afirme algo sobre o não-eu, motivo pelo qual também aquele esforço pode conduzir a contradições; em seu uso *formal*, contudo, ela se esforça por proposições tético-*formais*, que fundamentam toda uma série de epissilogismos. O que era impossível para a razão teórica, por ela ser limitada por meio de um não-eu, é feito agora pela razão prática, que alcança a única proposição tético-absoluta (ou seja, formal e material): eu = eu.

podem pertencer à lógica na medida em que são elas mesmas determinadas por meio daquelas formas originárias. Assim, por exemplo, proposições problemáticas não pertencem à lógica na medida em que expressam possibilidade objetiva, mas quando expressam possibilidade lógico-objetiva, não na medida em que expressam um ser--posto na síntese em geral, mas apenas na medida em que sua pensabilidade lógica em geral foi transmitida por esta síntese. Em suma, as três formas das proposições problemáticas, assertivas e apodíticas pertencem à lógica apenas na medida em que expressam ao mesmo tempo a mera forma formal da síntese originária (a determinação do não-ser pelo ser, ser-aí em geral), não na medida em que expressam uma forma material — o ser-aí na síntese em geral, na síntese determinada e em toda síntese).(N.A.)

2. A forma da identidade não determina por excelência um *objeto* como tal.[80] Mas que Leibniz e todos os homens que pensaram segundo seu espírito viram o princípio da identidade como princípio da realidade objetiva não é de longe tão incompreensível quanto pareciam achar muitos pretensos conhecedores da filosofia, que, como é costume, não acham nada mais compreensível do que aquilo que seu mestre diz e nada menos compreensível do que aquilo que dizem aqueles a cuja palavra não prestaram juramento. A forma da identidade é para a filosofia *crítica*, ou seja, aquela que põe toda a realidade no eu, o princípio de toda realidade do *eu*, mas, por isso, não um princípio da realidade *objetiva*, ou seja, aquela não contida no eu;[81] para o *dogmatismo*, inversamente, a mesma forma tem que ser princípio da realidade objetiva, mas não da *subjetiva*. Leibniz determina a coisa em si em geral por meio da forma da identidade, sem referência a um oposto (o eu), Kant, por sua vez, determina a realidade do eu sem referência a um oposto, ou seja, um não-eu. Leibniz explicou de maneira tão forte e peculiar que por meio da forma da identidade seria determinada a coisa em si em geral, a realidade objetiva dela, mas não a *subjetiva*, ou seja, o *conhecimento* da coisa em si (sair da mera esfera da coisa em si em geral), quanto Kant explicou inversamente que por meio da forma da identidade seria determinada até mesmo a realidade *subjetiva*, ou seja, a realidade meramente posta no eu, mas não a realidade *objetiva*, determinável apenas por meio de uma saída da esfera do eu. Para o dogmatismo, proposições téticas têm que se tornar possíveis

---

[80] A proposição fundamental da identidade é A=A. Mas A poderia não-ser efetivo, portanto se esclarece que A não é determinado de acordo com seu ser-posto fora do eu, mas apenas na medida em que é posto pelo eu, ou seja, não como objeto. (N.A.)

[81] Ela também pode se tornar princípio da realidade objetiva, mas apenas na medida em que o pôr da mesma já é transmitido no eu, mas a determina não como realidade objetiva, mas apenas na qualidade de seu ser-posto no eu. O princípio de razão suficiente, diz Kant, não pode ser usado no mundo suprassensível para determinar qualquer objeto dele — porque nele tudo é absoluto e cada proposição expressa apenas a forma da condicionalidade. Se o mundo suprassensível contivesse efetivamente objetos e mais do que apenas eu absoluto, então esta proposição fundamental seria aplicável nele tão bem quanto no mundo dos fenômenos. Kant também só utiliza esta proposição fundamental no campo suprassensível polemicamente, ou então fala, de acordo com seu sistema de acomodação, em objetos do mundo suprassensível. (N.A.)

apenas por meio do não-eu, antitéticas e sintéticas, contudo, apenas por meio do eu, para o criticismo, inversamente, téticas apenas por meio do eu, antitéticas e sintéticas apenas por meio do não-eu. Leibniz determina a esfera absoluta por meio do não-eu absoluto, mas não suprime com isso toda forma de proposições sintéticas, mas as utiliza para sair de sua esfera absoluta, assim como Kant as utiliza. Ambos precisaram dessas pontes para passar do campo do incondicionado para o do condicionado. Para passar da esfera da coisa em si, do posto *por excelência*, para a esfera da coisa *determinada* (representável), Leibniz precisou do princípio de razão suficiente; Kant precisa deste mesmo princípio – (ou seja, uma forma originária da condicionalidade em geral) para sair da esfera do eu e entrar na esfera do não-eu. Leibniz também entendeu o princípio de identidade tão bem quanto Kant e soube usá-lo para seu sistema tão bem quanto este para o seu: aquilo sobre o que ambos estão em desacordo não é o *uso* dele, mas sim sua *determinação* mais elevada por meio do absoluto no sistema de nosso saber.[82]

3. Para o eu absoluto não há possibilidade, efetividade e necessidade; pois tudo o que o eu *absoluto* põe é determinado pela mera forma do ser puro. Para o eu finito, contudo, há no uso teórico e prático possibilidade, efetividade e necessidade. E uma vez que a síntese mais elevada da filosofia teórica e prática é a unificação da possibilidade com a efetividade — necessidade, então esta unificação também pode ser estabelecida como o verdadeiro objeto de todo esforço (se não como fim último). Para o eu infinito toda possibilidade *seria* efetividade e toda efetividade possibilidade se houvesse possibilidade e efetividade para ele. Para o eu finito,

---

[82] Kant foi o primeiro a estabelecer o eu absoluto como o último substrato de todo ser e de toda identidade, em nenhum lugar imediatamente e em toda parte ao menos mediatamente, e a fixar o verdadeiro problema da possibilidade de algo determinado para além da mera identidade – de uma maneira que — (como se deve descrevê-la?) — quem leu sua dedução das categorias e a crítica da faculdade teleológica de juízo com o espírito com o qual tudo dele deve ser lido vê uma profundidade do sentido e do conhecimento diante de si que lhe parece quase inescrutável) — de uma maneira que só parece possível a um gênio, que, por assim dizer, antecipa a si mesmo, desce do ponto mais elevado por meio dos degraus pelos quais os outros têm que subir pouco a pouco. (N.A.)

contudo, há possibilidade e efetividade, com que o *esforço* dele em referência às mesmas tem que ser definido da mesma maneira como *seria* determinado o *ser* do eu infinito *se* ele tivesse algo a ver com possibilidade e efetividade. Portanto, o eu finito *deve se esforçar* para tornar efetivo tudo que é possível nele e tornar possível o que é efetivo. Só para o eu finito há um dever, ou seja, *possibilidade*, efetividade e necessidade *práticas*, porque, nomeadamente, o agir do eu finito não é determinado apenas por meio da mera tese (lei do ser absoluto), mas também por meio de antítese (lei natural da finitude) e síntese (mandamento moral). Portanto, possibilidade prática é adequação da ação à síntese prática *em geral*, efetividade *prática* é adequação da ação a uma determinada síntese moral, necessidade prática, finalmente — (o mais alto grau que um ser finito pode *atingir*) adequação a *toda* síntese (em um sistema do agir em que tudo que é praticamente possível é efetivo e tudo que é efetivo tem que ser, ao mesmo tempo, possível[83]). Por outro lado, no eu absoluto não há *dever*

[83] O conceito do direito em geral e todo o sistema do direito natural se assenta no conceito da possibilidade prática (adequação à síntese em geral), o conceito de dever e todo o sistema da ética, porém, se assentam no conceito de efetividade prática. Agora, para o ser finito tudo que é efetivo também é possível, com que também deve entrar um direito à ação onde entra um dever, ou seja, aquilo que é adequado à síntese determinada (moral) tem também que ser adequado à síntese em geral, mas não o inverso. Por outro lado, não há síntese alguma no eu absoluto e, portanto, o conceito de dever e direito também não é pensável; somente o finito tem que agir de maneira tal como se houvesse direito e dever para o eu absoluto e determinar seu modo de ação como o ser do infinito seria determinado se houvesse dever e direito para o mesmo. No eu absoluto dever e direito seriam idênticos, porque nele tudo que é possível seria efetivo e tudo que é efetivo seria possível. Portanto, o verdadeiro objeto de todo esforço moral também pode ser representado como identificação de dever e direito. Pois se toda ação a que o ser livre tivesse, como tal, um direito fosse, ao mesmo tempo, um dever, então as suas ações livres não pressuporiam outra norma que a da lei moral. Por isso, também em especial a meta mais elevada em direção à qual todas as constituições de Estado devem agir (as quais são fundadas sobre conceito de dever e direito) só pode ser aquela identificação dos direitos e deveres de cada indivíduo em particular; pois na medida em que cada indivíduo fosse regido apenas por leis da razão, não haveria no Estado direito algum que não fosse ao mesmo tempo um dever, pois ninguém poderia reivindicar qualquer ação que não fosse possível por meio de uma máxima universalmente válida e o indivíduo, se todos os indivíduos seguissem apenas máximas válidas universalmente, não teria diante de seus olhos mais que seu dever. Pois se todos os indivíduos cumprissem com seu dever, mais nenhum indivíduo poderia afirmar que tem um direito que não fosse realizado pelo cumprimento universal do dever. Mas

algum, porque aquilo que é *mandamento* prático para o eu finito, tem que ser para ele uma lei *constitutiva* por meio da qual não é afirmada a efetividade nem a necessidade, mas o ser absoluto, não *imperativamente*, mas *categoricamente*.

No entanto, aquele conceito do *dever* e da possibilidade prática pressupõe outro conceito que forneceu material para os problemas mais difíceis de toda a filosofia. Estes devem ser aqui tratados rapidamente.

Se há para o eu finito uma *possibilidade* prática, ou seja, um dever, então este não é pensável por excelência sem o conceito da liberdade do eu *empírico*. Já acima foi atribuída (§. 8) liberdade absoluta ao eu absoluto, ou seja, liberdade que é fundada apenas no seu ser, que faz parte dele apenas na medida em que ele é eu por excelência, que exclui originariamente todo não-eu. Esta liberdade absoluta do eu só é concebível por meio de si mesma. Pois um eu absoluto que exclui todo não-eu tem liberdade absoluta, a qual logo deixa de ser inconcebível, *na medida em que* o eu escapa da esfera dos objetos e, portanto, da esfera de toda causalidade objetiva. Mas transpor o eu para a esfera da objetividade e pretender prescrever-lhe causalidade por meio de liberdade — este parece ser um empreendimento arriscado.

Portanto, não se trata aqui da liberdade absoluta do eu absoluto (§. 8), pois esta se realiza a si mesma por excelência, uma vez que ela é a mesma causalidade do eu por meio da qual ele se põe por excelência como eu. Mas o eu só é eu na medida em que é posto por meio de si mesmo, ou seja, por meio de causalidade *absoluta*. Portanto, ao pôr a si mesmo o eu põe ao mesmo tempo

> o direito cessa tão logo o dever que lhe corresponde é cumprido; pois possibilidade em geral só vale na medida em que não é reprimida pela efetividade e quem está de posse da efetividade (do direito cumprido) não se preocupa mais com a possibilidade (seu direito). Esta ideia também fundamentou a República platônica; pois também nesta todo o praticamente possível deveria ser efetivo e todo praticamente efetivo ser possível; justamente por isso deveria cessar nela toda coerção, uma vez que coerção só ocorre contra um ser que perde a possibilidade prática. Contudo, supressão da possibilidade prática em um sujeito é coerção, pois possibilidade prática só é pensável por meio de liberdade. (N.A.)

sua causalidade absoluta e incondicionada. Por outro lado, a liberdade do eu empírico não pode se realizar a si mesma, pois o eu *empírico*, como tal, não existe por si mesmo, por meio de sua própria causalidade livre. Esta liberdade do eu empírico também não poderia ser absoluta como a do eu absoluto, pois por meio desta é *posta* a pura realidade por excelência do eu e mediante a causalidade daquele deve ser primeiramente *produzida* a realidade absoluta do eu. Aquela é por meio de si mesma e absolutamente infinita, esta empiricamente infinita, uma vez que produzir uma realidade absoluta é uma tarefa empiricamente infinita. Aquela é imanente por excelência, uma vez que é apenas na medida em que o eu é eu puro e não tem necessidade de sair de si mesmo, esta só é determinável como liberdade *transcendental*, ou seja, como liberdade, que só é efetiva *em referência* a objetos, embora não o seja *por meio* deles.

O problema da liberdade transcendental teve até agora o triste destino de sempre ser mal compreendido e de toda vez ser lançado novamente. Sim, mesmo depois da *Crítica da razão pura* ter espalhado uma luz tão grande sobre ele, até hoje o verdadeiro ponto de disputa não parece ser determinado com nitidez suficiente. O verdadeiro ponto nunca se referiu à possibilidade da liberdade absoluta; pois o absoluto exclui já em seu conceito qualquer determinação mediante causalidade externa; a liberdade absoluta não é nada além de determinação absoluta do incondicionado por meio das meras leis (da natureza) de seu ser, independência de todas as leis (leis morais) não determinadas por meio de sua própria essência, de todas as leis que poriam algo nele que já não estivesse posto nele por meio de seu simples ser, de seu ser posto em geral. Assim a filosofia teria que negar o absoluto em geral ou, se o admitir, também atribuir-lhe *liberdade absoluta*. A verdadeira disputa nunca poderia se referir à liberdade absoluta, mas apenas à *transcendental*, ou seja, a liberdade de um eu empírico condicionado por objetos. O inconcebível não é como um eu absoluto deveria ter liberdade, mas como um *eu empírico* a teria, não como um eu intelectual[84] poderia ser intelectual, ou seja, absolutamente livre, mas como seria possível que um *eu empírico* fosse ao mesmo tempo *intelectual*, ou seja, possua causalidade mediante liberdade.

O eu *empírico* só existe com objetos e por meio deles. Mas apenas os objetos jamais produziriam um *eu*. Graças aos objetos o eu empírico é *empírico*, graças a uma causalidade superior ele é eu em geral. Em um sistema que afirma a realidade das coisas em si, o próprio eu empírico é inconcebível; pois com o pôr de um não-eu absoluto, anterior a todo eu, todo eu absoluto é suprimido, mas não se pode conceber como um eu empírico deve ser agora produzido pelos mesmos objetos. Pode ainda menos falar de um eu empírico em tal sistema de liberdade transcendente. Mas se o eu é posto como o absoluto, excluindo por excelência todo não-eu, então não faz parte dele originariamente apenas uma causalidade absoluta, mas também se torna compreensível como um eu empírico é efetivo, assim como a liberdade transcendental nele.

O eu empírico é eu graças à mesma causalidade absoluta por meio da qual o eu absoluto é *eu*; aos *objetos* ele não deve mais do que seus limites e a finitude de sua causalidade. Portanto, a causalidade do eu empírico é distinta da do absoluto por excelência não segundo o princípio (a *qualidade*), mas apenas segundo a *quantidade*. Ela é causalidade mediante liberdade graças a sua identidade com a absoluta e graças a sua finitude ela é liberdade *transcendental* (empírica[85]): portanto, ela é liberdade absoluta

---

[84] Kant observou muito corretamente que a expressão só se refere a conhecimentos, mas o que seria objeto desses conhecimentos teria que ser chamado de inteligível. Esta observação é dirigida ao dogmatismo, que pretende conhecer objetos inteligíveis e que, aliás, não deveria fazer uso da expressão intelectual em relação a estes objetos; para o criticismo, contudo, (ao menos o completo) esta distinção não é necessária, uma vez que ele não permite quaisquer objetos inteligíveis e atribui intelectualidade somente àquilo que não pode se tornar objeto, ao eu absoluto. No eu absoluto, que nunca pode se tornar objeto, coincidem o *Principium essendi* e o *cognoscendi*; com isso, deve-se fazer uso tanto da expressão intelectual tanto em relação ao eu, como, por exemplo, em relação à sua intuição. Por outro lado, o eu empírico pode, na medida em que sua causalidade está contida na causalidade do absoluto, se chamar inteligível, porque deve ser observado, por um lado, como objeto e, por outro, como determinável por causalidade absoluta. (N.A.)

[85] Já se observou acima que a palavra empírico é tomada costumeiramente em um sentido muito restrito. (N.A.)

no princípio de que parte e só se torna *transcendental*, ou seja, liberdade de um eu empírico, quando esbarra em seus limites.

Portanto, esta liberdade do eu empírico só é concebível por meio de sua identidade com a identidade absoluta e por isso não pode ser atingida mediante provas *objetivas*, pois ela é até mesmo atribuída ao eu *em referência* a objetos, mas apenas na medida em que ele é contido na causalidade absoluta do eu absoluto. Mas ela tampouco se realiza a si mesma, pois é efetiva apenas no eu empírico, enquanto liberdade transcendental, mas nada de empírico se realiza a si mesmo. Mas por ser possível apenas por meio da causalidade absoluta, ela só é realizável no eu empírico por meio de um fato qualquer por meio do qual é posta como idêntica à absoluta. Só o eu empírico é efetivo apenas por meio de limitação do absoluto, ou seja, por meio da supressão dele enquanto absoluto. Na medida em que o eu empírico é observado meramente em referência a objetos como limites do absoluto (filosofia teórica), a sua causalidade não pode ser pensada como idêntica à absoluta; se isso acontecer, a causalidade do eu empírico tem que ser pensada em referência à *negação* de todos os objetos (e não em referência a objetos). Pois a negação dos objetos é justamente aquilo em que podem concordar liberdade absoluta e liberdade transcendental. Pois a liberdade empírica pode até mesmo tratar apenas da negação *empírica* dos objetos (que os produz empiricamente), mas não de sua negação absoluta, como a causalidade do eu absoluto, mas ambas coincidem na negação e se *tal* causalidade do eu empírico se deixar mostrar, então também se prova que ela é distinta da causalidade absoluta não segundo a *espécie*, o *princípio*, mas sim segundo a *quantidade* (mediante seus limites). A causalidade absoluta não pode ser *posta* categoricamente no eu empírico, pois senão ela deixaria de ser empírica, ela só pode então ser posta nele *imperativamente*, por meio de uma lei que exige a negação de todos os objetos, ou seja, liberdade absoluta; pois causalidade absoluta só pode ser *exigida* por uma causalidade *tal* que não é *ela mesma* liberdade absoluta, mas que é distinta da absoluta não segundo a qualidade, mas apenas segundo a *quantidade*.

Portanto, a liberdade transcendental não é realizável apenas por meio da forma da lei moral, mas também por meio da *matéria* dela. Pois a lei moral, que só é possível no eu finito, uma vez que só deste pode ser *exigida* identidade com o infinito, não trata de negação *absoluta* de todos os objetos (constitutivamente), mas imperativamente da negação *condicionada* deles, ou seja, que os produz empiricamente (progressivamente), portanto, de causalidade absoluta do eu, não como de algo *posto categoricamente*, mas como de algo *produtivo*. Tais exigências, contudo, só podem ser feitas a uma causalidade que é distinta da absoluta meramente por limites, porque ela deve produzir em si mesma, ou seja, por meio da supressão de seus limites, aquilo que esta põe por excelência.[86]

É concebível agora uma causalidade transcendental do eu empírico se ela for a própria causalidade infinita pensada apenas sob a condição da finitude; mas como o eu empírico só tem ele mesmo realidade *aparente* e está sob a mesma lei da *condicionalidade* sob a qual estão os fenômenos, surge a próxima pergunta: como a causalidade transcendental (determinada por meio da causalidade

---

[86] Todos que tiverem seguido o fio das investigações até aqui compreenderão por si mesmos a diferença da exposição acima em relação à teoria da liberdade de Reinhold. A teoria de Reinhold tem grandes méritos, mas é inconcebível em seu sistema (que parte apenas do eu empírico) e seria difícil até mesmo para seu arguto criador dar a seu sistema unidade e a sua teoria da liberdade uma coesão fundamentada por meio do princípio mais elevado (que não deve estar na base do todo, mas também imperar por meio de todas as partes individuais do sistema) com o restante de seu sistema. A ciência completa rejeita todas as obras de arte filosóficas por meio das quais o próprio eu é desmembrado e dividido em faculdades que não são pensáveis sob um princípio comum da unidade. A ciência completa não trata de faculdades mortas que não têm qualquer realidade e só são efetivas na abstração artificial; ela trata, ao contrário, da unidade viva do eu, que em todas as manifestações de sua atividade é o mesmo; nela, todas as faculdades e ações diversas, estabelecidas desde sempre pela filosofia, se tornam uma faculdade, uma ação do mesmo eu idêntico. Até a filosofia teórica só é possível em referência à mesma causalidade do eu, a qual é realizada na prática; pois ela serve apenas para preparar a filosofia prática e garantir-lhe seus objetos por meio desta causalidade determinada do eu. Seres finitos têm que existir para que o infinito exponha sua realidade na efetividade. Pois toda atividade finita trata desta exposição da realidade infinita na efetividade; e a filosofia teórica é destinada apenas a descrever e desvendar este campo da efetividade para a causalidade prática. Por isso, a filosofia teórica trata apenas da efetividade, para que a causalidade prática encontre um campo em que aquela exposição da realidade infinita seja possível — a solução de sua tarefa infinita. (N.A.)

absoluta) do eu empírico poderia concordar com a causalidade natural dele?

Em um sistema que afirma a realidade das coisas em si, esta pergunta não pode ser resolvida e nem mesmo lançada.

Pois o sistema que põe um não-eu absoluto antes de todo eu, suprime assim o eu absoluto,[87] não sabe de uma liberdade *absoluta* do eu, para não falar de uma transcendental. Mas se tal sistema já é suficientemente inconsequente para afirmar, por um lado, as coisas em si e, por outro, uma liberdade transcendental do eu, então nunca tornará concebível a concordância da causalidade natural com a causalidade mediante liberdade, nem mesmo por meio de uma harmonia pré-estabelecida; pois mesmo uma harmonia pré-estabelecida não pode unificar os absolutos opostos por excelência, o que teria que ser o caso, uma vez que, por um lado, é admitido um não-eu absoluto, por outro, um eu empírico, que sem um absoluto é inconcebível.

Mas se os objetos mesmos só obtêm realidade por meio do eu absoluto (como o conjunto de *toda* realidade) e que, por isso, só existem no eu empírico e com ele, então toda causalidade do eu empírico (cuja causalidade em geral só é possível por meio da causalidade do infinito e que só é distinta desta segundo a quantidade, não a qualidade) é ao mesmo tempo uma causalidade dos objetos, cuja realidade se deve igualmente apenas ao conjunto de *toda* realidade, o eu. Por meio disso obtemos um princípio da harmonia *pré-estabelecida*, mas que só é determinado *imanentemente* e apenas no eu absoluto. Porque uma causalidade do eu empírico só é possível na causalidade do eu absoluto e os objetos igualmente só obtêm sua realidade por meio da realidade absoluta do eu, o eu absoluto é o centro comum em que repousa o princípio de sua harmonia. Pois a causalidade dos objetos só se harmoniza

---

[87] É impossível que dois absolutos persistam um ao lado do outro. Se o não-eu é posto absolutamente antes de todo eu, o eu só pode lhe ser oposto como negação absoluta. É impossível que dois absolutos possam ser contidos como tais em uma síntese que lhes anteceda ou suceda; também por isso, se o eu é posto antes de todo não-eu, este não pode ser posto em síntese alguma como absoluto (como coisa em si). (N.A.)

com a causalidade do eu empírico por eles existirem apenas no eu empírico e com ele; mas que eles só existem no eu empírico e com ele se deve simplesmente a que ambos, os objetos e o eu empírico, devem sua realidade apenas à realidade infinita do eu absoluto.

Por meio dessa harmonia pré-estabelecida deixa-se agora conceber também a necessária harmonia entre eticidade[88] e felicidade. Uma vez que a felicidade pura, a única da qual se pode falar, trata da identificação do não-eu e do eu, então, como os objetos em geral são efetivos apenas como modificações da realidade absoluta do eu, cada expansão da realidade do eu (progresso moral) é expansão dos limites e aproximação deles em relação à identidade com a realidade absoluta, ou seja, de sua supressão completa. Portanto, se não há um dever para o eu absoluto, uma possibilidade prática, então a lei da liberdade (do dever) obteria a forma de uma lei natural (do ser) para que o finito possa resolver um dia toda a sua tarefa; e, inversamente, uma vez que a lei do ser só se teria tornado *constitutiva* mediante liberdade, esta lei mesma seria ao mesmo tempo uma lei da liberdade.[89] Portanto, o último a que toda filosofia conduz não é um princípio objetivo, mas um princípio *imanente* da harmonia preestabelecida, em que liberdade e natureza são idênticos e este princípio não é outro senão o eu absoluto, do qual toda filosofia partiu.

Se não há possibilidade, necessidade e causalidade[90] para o eu infinito, então ele também não conhece qualquer *vinculação de*

---

[88] *Sittlichkeit*, substantivo formado a partir do adjetivo *sittlich*, que, por sua vez, é derivado do substantivo *Sitte*, costume. *Sittlichkeit*, portanto, é algo como "estar de acordo com as normas costumes". (N.T.)
[89] Por meio disso também se pode responder a pergunta sobre qual eu deve, na verdade, progredir ao infinito? A resposta é: o empírico, mas ele não progride no mundo inteligível; pois se estivesse neste, cessaria de ser eu empírico, porque no mundo inteligível tudo é unidade absoluta e nenhum progresso, nenhuma finitude é pensável. O eu finito só é eu mediante causalidade inteligível, mas como ser finito, enquanto é ser finito, é determinável segundo seu ser-aí apenas no mundo empírico. O ser finito pode até mesmo, uma vez que sua causalidade mesma cai na linha do infinito, expandir cada vez mais os limites de sua finitude; mas uma vez que este progresso tem diante de si a infinitude, sempre é possível uma ampliação cada vez maior dos mesmos, uma vez que se este pudesse cessar em algum lugar, o próprio infinito deveria ter limites. (N.A.)
[90] *Zufälligkeit*.

finalidade[91] no mundo. Se houvesse para o eu infinito mecanismo ou técnica na natureza, então a técnica seria para ele mecanismo e o mecanismo técnica, ou seja, ambos coincidiriam em seu ser absoluto. Por isso, a própria pesquisa teórica tem que observar o teleológico como mecânico, o mecânico como teleológico, e a ambos como compreendidos em um princípio da unidade, o qual não está em condição de realizá-los em lugar algum (como objeto), mas que precisa pressupô-los, para poder conceber a unificação de ambos os princípios conflitantes (o mecânico e o teológico), a qual é *impossível* nos objetos *mesmos*, em um princípio sublime acima de todos os objetos. Assim como a razão prática precisa reunificar em um princípio mais elevado o conflito entre leis da liberdade e da natureza, em que a própria liberdade é natureza e a natureza é liberdade,[92] a razão teórica tem que chegar a um princípio mais elevado em seu uso *teleológico*, em que finalidade e mecanismo coincidam,[93] mas que justamente por isso não pode, por excelência, ser determinável como objeto.

O que é concordância *absoluta* para o eu absoluto, é uma concordância *produzida* para o eu finito, e o princípio da unidade, que para aquele é princípio *constitutivo* da unidade *imanente*, é para este apenas princípio *regulativo* de unidade *objetiva*, que deve *se tornar* imanente. Portanto, também o eu finito deve *se esforçar* para *produzir* no mundo aquilo que é efetivo no infinito e a mais elevada vocação do homem é tornar a unidade dos fins no mundo em mecanismo e o mecanismo, contudo, em unidade dos fins.

[91] *Zweckverknüpfung.*
[92] Aqui se esclarece como e em que medida a teleologia poderia ser o membro intermediário de ligação entre filosofia teórica e prática. (N.A.)
[93] Também Espinosa queria que no princípio absoluto mecanismo e finalidade das causas fossem pensados como compreendidos na mesma unidade. Mas como ele determinou o absoluto como objeto absoluto, não pôde tornar concebível como a unidade teleológica seria determinada no entendimento finito apenas por meio da ontológica no pensamento infinito da substância absoluta, e Kant tem toda razão quando diz que o espinozismo não realiza o que propõe. Mas talvez nunca tenham sido exprimidos em tão poucas páginas tantos pensamentos profundos quanto na Crítica do Juízo Teleológico §. 76. (Em vez de "finalidade" p. 2 e "finalidade das causas" p. 12, na primeira edição está "teleologia".)

A FORMA E O PRINCÍPIO DA FILOSOFIA

Caio Heleno da Costa Pereira

Nascido em 1775, Schelling foi aos quinze anos estudar no *Instituto de Tübingen*, onde conheceu o filósofo Hegel e o poeta Hölderlin, dos quais se tornou amigo. Suas primeiras publicações datam já desta época. Publicado em 1794,[1] *Sobre a possibilidade de uma forma da filosofia em geral*[2] foi antecedido apenas por *Sobre mitos, sagas históricas e filosofemas do mundo mais antigo*, de 1793[3] (sem contar a dissertação de 1792, escrita em latim). O leitor logo pode perceber pelo cotejo entre estes dois primeiros escritos uma característica de Schelling que os comentadores gostam em geral de ressaltar: sua facilidade para pensar e assimilar novas ideias, a capacidade para mudar os caminhos de sua obra. Essa característica cria certas dificuldades para os *schellinguianos*, que nunca chegaram a um acordo sobre como classificar seus escritos em fases ou mesmo em diferentes filosofias.[4] Os dois primeiros escritos, embora façam parte do mesmo período da vida de Schelling, têm muitas diferenças. Da primeira para a segunda publicação, Schelling empreende uma grande mudança metodológica e de ponto de vista. Se em *Sobre mitos* procura interpretar os mitos de maneira a identificar neles a origem do saber racional e, com isso, da filosofia, a partir de uma perspectiva histórica e

---

[1] Tomo aqui como referência a ordem dos textos publicados. Em um volume adicional das obras completas de Schelling, há alguns textos anteriores, que, porém, não foram publicados durante a vida do autor e que tinham como fim o cumprimento de deveres acadêmicos de Schelling. A edição que aqui utilizamos é a seleção de textos feita por Manfred Frank a partir da edição das obras completas. SCHELLING, F. W. J. *Ausgewählte Schriften*. Frankfurt am Main: Suhrkamp Taschenbuch Wissenschaft, 1985.
[2] *Über die Möglichkeit einer Form der Philosophie überhaupt*. AS, I, pp. 11-38.
[3] Este texto não foi inserido na seleção acima referida. Está nas obras completas. Não é possível, neste momento, indicar a referência completa.
[4] Cf. PUENTE, F. R. e VIEIRA, L. A. (Orgs.). *As filosofias de Schelling*. Belo Horizonte: Editora UFMG, 2005.

teológica, com *Sobre a possibilidade* Schelling se filia à filosofia transcendental. Com essa mudança de perspectiva, a origem da filosofia não é mais buscada no passado histórico, nos documentos deixados pelos antigos. A questão é formulada agora de maneira tal a se poder dizer que o *princípio* condiciona a história sem ser inteiramente condicionado por ela. A filosofia de Schelling se desenvolverá futuramente em outro sentido, mas neste momento a natureza e o mundo exterior são, para ele, condicionados pelo *eu* sem, em troca, condiciona-lo completamente.[5]

Em uma carta a Hegel está documentada a mudança, que ocorreu em ligação com um correspondente deslocamento de interesse nos estudos de Schelling. Na carta, Schelling diz "não poder relatar muito de meus trabalhos teológicos". Porque "eles se tornaram coisa secundária para mim há cerca de um ano." E pergunta: "quem quer se enterrar no pó da antiguidade, quando o curso de seu tempo o toma e o leva consigo a todo instante?"[6]

Schelling estava no Instituto de Tübingen para se tornar pastor, a profissão de seu pai. A formação era bastante rigorosa e tinha no estudo de línguas um de seus principais fundamentos. Além de conhecimento das línguas das principais literaturas europeias modernas, Schelling sabia latim e grego, hebraico e também árabe. A filosofia ensinada no Instituto de Tübingen era, sobretudo, a da tradição dogmática, e a chegada da *Crítica da razão pura* não causou imediatamente uma revolução. Como se verá mais adiante, uma das questões para Schelling era combater os primeiros seguidores de Kant, que, sem entender o espírito do kantismo, queriam adequá-lo à filosofia dogmática. Em carta endereçada a Schelling em 24 de dezembro de 1794, Hegel, que no momento se encontrava na Suíça, expõe a situação do ensino de filosofia em Tübingen:

---

[5] Pois há para Schelling um eu empírico e um eu absoluto, que não está dado no espaço e no tempo.
[6] Schelling an Hegel, 6.1.1795. In: FRANK, M. e KURZ, G. (Orgs.). *Materialien zu Schellings philosophischen Anfängen*. Frankfurt a.M., 1975, p. 119.

E, no mais, como vão as coisas em Tübingen? Sem que uma espécie de Reinhold ou Fichte esteja aí sentado em uma cátedra, nada de real sucederá. Em nenhum outro lugar o velho sistema é cultivado com tanta fidelidade — e se isto não tem influência sobre algumas cabeças boas, nas cabeças mecânicas, no entanto, a coisa se afirma na maior parte; — em vista dessas é muito importante qual sistema, qual espírito tem um professor, pois por meio deles este é posto em circulação ou conservado ali corretamente.[7]

No ano seguinte, 1795, Schelling publicou duas obras em que é central a distinção entre filosofia dogmática e filosofia crítica. *Sobre o eu como princípio da filosofia ou sobre o incondicionado no saber humano* foi a primeira delas. Em seguida vieram as *Cartas filosóficas sobre o dogmatismo e o criticismo*. Nessas cartas, Schelling pretende determinar com rigor os limites entre o dogmatismo e o criticismo. Isso é necessário, sobretudo, porque se está "na eminência de edificar, com os troféus do criticismo, um novo sistema do dogmatismo".[8] Entende-se ainda melhor essa passagem quando se leva em consideração o fato de que os professores de Schelling no Instituto de Tübingen interpretavam a filosofia de Kant como uma nova prova da existência de Deus.[9] Schelling combate essa interpretação logo na primeira das cartas filosóficas, ficticiamente endereçadas a certo amigo, cujas repostas aparecem alusivamente quando o filósofo toma posição em relação a elas.

A resposta da maioria, considerada à luz, não é outra senão esta: porque a razão teórica é demasiado *fraca* para conceber um Deus, e a idéia de um Deus só é realizável por exigências morais, também tenho de pensar Deus sob leis morais. Portanto, preciso da idéia de um Deus *moral* para

[7] Hegel an Schelling, 24.12.1794. In: FRANK, M. e KURZ, G. (Orgs.). *Materialien zu Schellings philosophischen Anfängen*. Frankfurt a.M., 1975, p. 117.
[8] SCHELLING, F. *Escritos filosóficos*. São Paulo: Abril Cultural, 1973, p. 179. (Coleção Pensadores)
[9] "*As lições oficiosas tratavam Kant de maneira até mesmo muito contrária ao espírito crítico que era próprio a este autor. Assim, por exemplo, o Professor de teologia sistemática, Storr, fez de tudo para filtrar da Crítica da Razão Prática uma prova da existência de Deus.*" FRANK, M. *Eine Einführung in Schellings Philosophie*. Frankfurt am Main, Suhrkamp, 1995, p. 12.

salvar minha moralidade e, porque é apenas para salvar minha moralidade que admito um Deus, esse Deus tem que ser um Deus moral.[10]

Infelizmente, não é possível explorar aqui todas as implicações desta citação. Ela é útil, no entanto, porque mostra a crítica de Schelling aos primeiros kantianos. Ao admitir Deus devido a uma "necessidade prática" e tomá-lo como resposta para a questão do fundamento da filosofia, eles renunciariam de todo à crítica. A circularidade de seu pensamento, que pretende demonstrar a existência de Deus para salvar a moralidade e justifica a moralidade por meio da existência de um Deus moral resulta, para Schelling, no abandono da luta "contra o imensurável", cujo "espetáculo [...] destina-se a expor o homem no momento supremo de sua potência autônoma."[11] Assim, além de ser formalmente falha, a tentativa de provar kantianamente a existência de Deus mataria na raiz as tendências revolucionárias do criticismo, que coloca a razão diante da tarefa de "libertar a humanidade".[12]

Assim como não é desprovida de aspecto religioso, a liberdade de que fala Schelling não deixa de ter um aspecto político. Contudo, ela implica em algo diferente de, por exemplo, simplesmente derrubar o regime absolutista e substituí-lo por um governo popular. "Fazer frente ao absoluto" significa, sobretudo, descobrir por meio da força da razão o princípio de que depende a totalidade do mundo. Para o jovem Schelling, a humanidade é dependente e não-livre enquanto este princípio lhe for desconhecido e, portanto, exterior. Aceitar a dependência de algo que não pode ser conhecido, devido à fraqueza da razão teórica, como admitem os kantianos dogmáticos, resulta em abandonar a luta pela liberdade.

Libertar a humanidade por meio da força da razão certamente não é um projeto que Schelling tenha esboçado sozinho. Humanidade não deve ser entendida aqui exclusivamente como conjunto

---

[10] Ibid., p. 180.
[11] Ibid., p. 179.
[12] SCHELLING, F. *Vom Ich als Prinzip der Philosophie*. In: SCHELLING, F. *Ausgewählte Schriften*. Band I, 1794-1800. Frankfurt am Main, Suhrkamp, 1985, p. 47.

formado por todos os seres humanos, mas preferencialmente como qualidade do que é humano. Para Schelling, os penosos esforços do filósofo justificam-se por contribuírem para que seja atingida "a unidade" do "saber, da crença e do querer — a última herança da humanidade, a qual ela em breve exigirá com tanto vigor como jamais o fez — em cada um que seja digno de ter ouvido ao menos uma vez a voz da verdade!".[13] Depende de cada um resgatar por si mesmo a herança da humanidade — resgatá-la, no entanto, não significa buscá-la no passado como algo pronto, mas sim reconstruí-la mediante esforços filosóficos. Essa é uma tarefa para cada um porque o filósofo tem a sua ação limitada pela impossibilidade de meramente doutrinar ou ensinar a verdade. Cada um tem que se tornar digno de ouvi-la. A perfeição formal do sistema filosófico não garante a apreensão de seu sentido, uma vez que a filosofia pode ser mal lida, como mostra o exemplo dos primeiros kantianos.

No prefácio de *Sobre o eu como princípio da filosofia*, Schelling se dirige ao leitor, instrui sobre como ler textos filosóficos e critica alguns de seus contemporâneos, a quem chama de "filósofos da letra". Certos estudiosos da filosofia, segundo Schelling, não são capazes de ler e pensar para além da letra, limitando-se, em sua falta de ousadia e liberdade de pensamento, a repetir literalmente, em nada contribuindo para o desenvolvimento da filosofia. Schelling ataca os primeiros kantianos, "para os quais", segundo ele, "toda verdade é indiferente ou que pressupõe que depois de Kant nenhuma investigação dos princípios seria possível e que os mais elevados princípios de sua filosofia já teriam sido estabelecidos por ele mesmo".[14] Schelling procura adiantar-se ao leitor e explicar-lhe como proceder no ato de leitura para que não se deixe desviar por passagens isoladas da visão do todo, somente a partir da qual uma obra filosófica pode ser avaliada. Esse seria o erro dos kantianos, que, presos a passagens e sem entender o

[13] Ibid., p. 47.
[14] Ibid., p. 43.

espírito da filosofia crítica, não souberam ler Kant e transformaram sua filosofia em um novo dogmatismo.

Ainda no prefácio, Schelling declara que sua intenção é "expor" os resultados da "filosofia crítica" em sua redução "aos últimos princípios do saber".[15] A leitura e o julgamento de seu escrito devem ser feitos com base nesses princípios e não em passagens isoladas. Para Schelling, os primeiros discípulos de Kant "apreenderam as letras s, mas não o espírito de seu professor." Isso porque eles não "aprenderam a ver que o caminho inteiro da *Crítica da razão pura* não poderia ser de maneira alguma o caminho da filosofia como ciência", uma vez que "o primeiro de onde ela parte, a existência de representações originárias, possíveis não por meio de experiência, só deve ela mesma poder ser explicável por meio de princípios mais elevados". Para Schelling, os maus leitores de Kant não entenderam que a filosofia como ciência deve ir mais fundo do que a própria *Crítica* pôde, pois nela deve se mostrar o princípio da certeza da vinculação entre forma e conteúdo de proposições que juntas formam o sistema do saber. Para Schelling, embora Kant afirme "em todas as partes" "o mais conciso conjunto", "ainda assim filosofia teórica e prática não são ligadas por um princípio comum, a prática não parece formar para ele um e o mesmo edifício com a teórica". Trata-se de ser fiel a Kant na medida em que não se segue fielmente a sua letra, mas o espírito de sua filosofia, buscando-se a unidade do sistema da filosofia.

Schelling pretende "tornar compreensível a demanda por uma exposição [Darstellung] da filosofia kantiana guiada por princípios mais elevados".[16] Ele quer encontrar os princípios que Kant deve ter apenas pressuposto para entender seu pensamento mesmo que em contraste com sua palavra.[17] Na já citada carta a Hegel, de 6 de

---

[15] Ibid., p. 41
[16] Ibid., p. 44.
[17] "É assim que, uma vez compreendido o verdadeiro 'espírito' da filosofia de Kant, é possível justificar sua 'letra', mas também relativizá-la, prevendo que outras 'letras' seriam igualmente — e mesmo, talvez, mais eficazmente — capazes de traduzir esse

janeiro de 1795, Schelling escreve: "A filosofia ainda não chegou ao fim. Kant deu os resultados: as premissas ainda estão faltando. E quem pode entender resultados sem premissas?".[18] Para Schelling, ao mesmo tempo que exigiu que a filosofia se apresentasse sob a forma do sistema, Kant não estabeleceu uma obra sistemática. Essa inconsistência teria conduzido seus intérpretes a sucessivos erros.

* * *

Sobre a possibilidade de uma forma da filosofia em geral não foi a primeira incursão de Schelling no campo da disputa pelo legado da filosofia transcendental. Ele já havia escrito em 1792 dois trabalhos acadêmicos, que, embora não tenham sido preservados, parecem indicar que Schelling realmente já "trazia consigo por algum tempo os pensamentos expostos nesse escrito".[19] O primeiro desses trabalhos teve o título de *Sobre a possibilidade de uma filosofia sem sobrenome, ao lado de algumas considerações sobre a filosofia elementar reinholdiana*. Os títulos parecem indicar que, para Schelling, *"filosofia sem sobrenome"* e *"filosofia em geral"* têm um sentido aproximado. Com "filosofia em geral" não se quer dizer meramente aquilo que todas ou a maioria das filosofias têm em comum, a expressão se refere, antes disso, a uma filosofia que está acima — überhaupt — de todas as outras formas de filosofia, que antecede, por assim dizer, as filosofias com *sobrenome* ou atributo. O segundo trabalho perdido, por sua vez, tratava das categorias do entendimento, que estão no centro da discussão tanto de *Sobre a possibilidade* e tem um papel importante em *Sobre o eu*. "Fica em aberto se Schelling concebeu o presente escrito de

---

'espírito'." TORRES FILHO, R. R. *O espírito e a letra. A crítica da Imaginação pura em Fichte.* São Paulo: Ática, 1975, p. 88.
[18] Schelling an Hegel, 6.1795. In: FRANK, M. e KURZ, G. (Orgs.). *Materialien zu Schellings philosophischen Anfängen.* Frankfurt a.M., 1975, p. 119.
[19] SCHELLING, F. "Über die Möglichkeit einer Form der Philosophie Überhaupt". In: *Historisch-Kritische Ausgabe.* Werke 1. Stuttgart, Fromman-Holzboog, 1976, p. 265.

maneira totalmente nova ou se ele se baseou em anotações mais antigas."[20]

Kant já havia se tornado uma figura muito importante quando Fichte teve a ambição de dar continuidade ao projeto da filosofia transcendental, pretendendo fazer mais do que interpretar a obra de Kant. Schelling segue a Fichte em sua pretensão de aprofundar o trabalho investigativo iniciado por Kant até os princípios que o próprio Kant só teria pressuposto e sem os quais a filosofia crítica ficaria sem fundamento. Essa objeção à filosofia crítica foi formulada em uma ampla discussão. Este escrito do período inicial é especialmente interessante por prover um excelente ponto de partida para a localização do jovem Schelling na história da filosofia. Schelling, de certa maneira, adianta-se ao historiador da filosofia, fornecendo as principais fontes da corrente de pensamento cujo rumo em pouco tempo passou a determinar. Quando entra na discussão, Schelling não se refere exclusivamente ao texto de Kant, mas, sobretudo, aos problemas que apareceram a partir de uma tradição de leitura da *Crítica*. Com a publicação de *Sobre a possibilidade*, Schelling pretende indicar o caminho para a solução do problema que esta tradição de leitura indicava como o principal da filosofia kantiana. Já de saída, Schelling apresenta a sua formulação do problema, que é o da "ausência de um princípio fundamentante e de uma conexão [Zusammenhang] segura das deduções kantianas".[21]

Schelling não é modesto, pretende descobrir "o último ponto da realidade, do qual tudo depende".[22] Para ele, ao desprezar a questão do fundamento, os filósofos perdem o direito de se queixar da falta de influência da filosofia sobre o mundo. Quando não se admite um princípio do qual se possa derivar todo o resto, deixa-se espaço

---

[20] JACOBS. W.: *Editorischer Bericht*. In: SCHELLING. F.: *Historisch-Kritische Ausgabe*. Werke 1. Stuttgart, Fromman-Holzboog, 1976, p. 251.
[21] SCHELLING, F. "Über die Möglichkeit einer Form der Philosophie Überhaupt". In: *Historisch-Kritische Ausgabe*. Werke 1. Stuttgart, Fromman-Holzboog, 1976, p. 265.
[22] SCHELLING, F. "Vom Ich als Prinzip der Philosophie". In: *Ausgewählte Schriften*. Band I, 1794-1800. Frankfurt am Main: Suhrkamp, 1985, p. 52.

para que cada um parta de onde quiser. Essa possibilidade faz com que a filosofia seja desacreditada e tenha "tão pouca influência sobre a vontade dos homens e sobre os destinos de toda a nossa espécie".[23]

* * *

Embora não tenha construído a crítica da razão pura sobre uma estrutura sistematicamente fechada, Kant postulou que a filosofia deve formar um sistema.[24] Na *arquitetônica* da *Crítica da razão pura*, Kant escreve que a "unidade sistemática é o que converte o conhecimento vulgar em ciência, isto é, transforma um simples agregado desses conhecimentos em sistema".[25] Schelling segue a Kant quando este afirma que "sob o domínio da razão não devem os nossos conhecimentos em geral formar uma rapsódia, mas um sistema, e somente deste modo podem apoiar e fomentar os fins essenciais da razão".[26] Se Schelling define o sistema como conjunto de proposições sob uma proposição fundamental, para Kant o sistema é "a unidade de conhecimentos diversos sob uma ideia". Ideia é aqui "o conceito racional da forma de um todo, na medida em que nele se determinam *a priori*, tanto o âmbito do diverso, como o lugar respectivo das partes".[27] A ideia articula as partes de maneira que o todo se configure como unidade. A unidade arquitetônica se estabelece quando o esquema para a realização do sistema é projetado segundo uma ideia, ou seja, a partir do fim capital da razão.

---

[23] Ibid., p. 49.
[24] "... para Kant, só há conhecimento (determinação) sob o horizonte de uma totalidade graças à qual a experiência pode ser pensada como sistema." In: FIGUEIREDO, V. *Kant e a crítica da razão pura*. Rio de Janeiro: Jorge Zahar, 2005, p. 19
[25] Kant, I. *A crítica da razão pura*. Manuela Pinto dos Santos e Alexandre Fradique Morujão (Trads.). Lisboa: Fundação Calouste Gulbenkian, 2001, p. 657, B861.
[26] Ibid., p. 657, A 833/B 861.
[27] Ibid., p. 657, A 833/B 861.

> Ninguém tenta estabelecer uma ciência sem ter uma ideia por fundamento. Simplesmente, na elaboração dessa ciência, o esquema e mesmo a definição, que inicialmente se dá dessa ciência, raramente correspondem à sua ideia, pois esta reside na razão, como um gérmen, no qual todas as partes estão ainda muito escondidas, muito envolvidas e dificilmente reconhecíveis à observação microscópica. É por isso que todas ciências, sendo concebidas do ponto de vista de um certo interesse geral, precisam de ser explicadas e definidas, não segundo a descrição que lhes dá seu autor, mas segundo a ideia que se encontra fundada na própria razão, a partir da unidade natural das partes que reuniu.[28]

Portanto, quando pretende expor a filosofia transcendental de maneira mais determinada do que Kant, indo aos princípios que este só poderia ter pressuposto, Schelling se vê como mais kantiano do que os próprios seguidores de Kant. Seguindo o espírito da filosofia de Kant, melhor expresso do que em outras passagens quando este diz que se deve explicar e determinar as ciências não segundo a descrição que seus autores fornecem dela, Schelling nota, como já citado, que "o caminho inteiro da *Crítica da razão pura* não poderia ser de maneira alguma o caminho da filosofia como ciência".

Para Schelling, a filosofia crítica de Kant é uma preparação para a filosofia transcendental, que está por vir, e de maneira alguma representa o sistema da filosofia segundo a ideia da razão que lhe subjaz. Segundo essa leitura, a filosofia não deve ser, contudo, apenas uma ciência entre outras ciências e tampouco uma espécie de saber apartado das ciências. A filosofia, segundo Schelling, é uma ciência originária — uma *Urwissenschaft* —, que antecede as ciências singulares, transmitindo-lhes o princípio de certeza que cada uma delas, enquanto ciência singular, não pode conter em si mesma. Nesse ponto, Schelling também encontra sustentação em Kant, que afirma na *arquitetônica* que "cada sistema não é apenas 'por si articulado segundo uma ideia, mas também todos estão por sua vez unidos finalisticamente entre si, como membros de um todo, num sistema do conhecimento humano'".

[28] Ibid., p. 658, A 834/B 862.

[...] só pode haver na ideia *uma* filosofia, que cada filosofia diferente desta única filosofia seria uma ciência aparente [Scheinwissenschaft] e, de acordo com a pressuposição (guiada certamente por meio daquele mesmo fundamento oculto no espírito humano, mas não por ele determinada), surgiria por mera arbitrariedade.[29]

* * *

Karl Reinhold,[30] discípulo de Kant, foi o filósofo que assumiu a tarefa de tentar uma sistematização do criticismo. Em grande parte, é com ele que Schelling dialoga nestes escritos iniciais. Com essa tentativa, todavia, Reinhold antes teria evidenciado a carência de sistematicidade daquela filosofia.[31] Como Jacobi, Reinhold rejeitou a suposição de que as coisas em si causariam as sensações. Restringindo a análise filosófica à consciência, Reinhold dispensou o recurso a elementos externos para explicar a origem do conhecimento, tornando-o independente das chamadas coisas em si.[32]

Reinhold procurou identificar na chamada teoria da faculdade de representação, notadamente, na proposição da consciência, o fundamento da filosofia como ciência. Essa proposição afirma que na consciência a representação é distinguida, por meio do sujeito, entre sujeito e objeto e a ambos referida. Assim Reinhold acreditava dar um fundamento para o saber, evitando a referência às coisas em si. O cético Schulze fez oposição a essa proposição argumentando que ela não poderia ser uma proposição primeira, uma

---

[29] *Über die Möglichkeit*, p. 268.
[30] "... a partir de 1789, todo o diálogo com o pensamento kantiano se faz por meio da versão que dele oferece. Karl Reinhold". MARKET, O. "Karl Leonard Reinhold. Estudo introdutório, notas e bibliografia". In: GIL, F. (Org.). *Recepção da crítica da razão pura. Antologia de escritos sobre Kant (1786-1844)*. Lisboa: Fundação Calouste Gulbenkian, 1992, p. 158.
[31] "[...] é pela sua intervenção decisiva que a torrente kantiana é conduzida unilateral, mas inevitavelmente, para as soluções monolíticas idealistas, com suas pretensões sistemáticas. É Reinhold que luta com vigor por uma filosofia 'como ciência rigorosa', estruturada como sistema e apoiada em princípios." Ibid., p. 159.
[32] Cf. RÖD, W. *O caminho da filosofia*, v. 2. Brasília: Editora da UnB, 2008, p. 294.

vez que estaria ao menos sob "o princípio de não-contradição", que lhe seria, portanto, anterior enquanto proposição. Reinhold contra-argumentou dizendo que o princípio de não-contradição seria uma lei do pensamento, contra a qual nada se poderia pensar. De modo que toda e qualquer preposição estaria determinada por ele quanto à forma, não ao conteúdo.

Schelling entra na discussão em grande medida por meio dos escritos de Johann Gottlieb Fichte, que havia há pouco publicado uma resenha[33] do livro em que Schulze procura refutar a Reinhold e, com isso, a filosofia transcendental como um todo. O escrito de Fichte inicia com o reconhecimento de que se deve agradecer ao ceticismo o progresso da filosofia. Os comentários céticos estimulariam "o progresso da razão filosofante" ao pôr em questão a segurança dos fundamentos sobre os quais esta, ao longo de sua marcha, vem se assentar. Fichte nota que isto é admitido pelo "grande descobridor" do "uso crítico" da razão. É conhecida a frase em que Kant diz que o filósofo cético David Hume foi responsável por interromper o seu "sono dogmático". Portanto, o ceticismo teria contribuído para o maior avanço recente da filosofia, que consistiria exatamente na descoberta ou invenção da filosofia crítica por Kant e o abandono do até então dominante dogmatismo. Fichte, no entanto, faz notar que, "até agora, a razão não deve ainda ter atingido seu grande fim, o de realizar a filosofia como ciência, por mais que tenha se aproximado dele".[34]

Fichte afirma que Reinhold se tornou o novo alvo das armas do ceticismo porque a sua filosofia elementar foi considerada pela maior parte dos "apreciadores da filosofia crítica"[35] como a realização da "fundamentação da filosofia como ciência" ou, ao menos, a melhor preparação para este fim. Mas como também há aqueles que negam a Reinhold o título de representante oficial

---

[33] Utilizamos a edição espanhola bilíngue. FICHTE, J. Resenã de "Enesidemo". Madri: Hiperión, 1982.
[34] FICHTE, J. G. Resenã de "Enesidemo" (Edição bilíngue alemão/espanhol). Madri: Hiperión, 1982, p. 29.
[35] Ibid., p. 30.

da filosofia crítica, o autor do escrito que ficou conhecido como *Enesidemo* teria passado a atacar "o documento mais legitimado da mais nova filosofia, a própria *Crítica da razão pura*".[36] A *Crítica da razão pura* seria o documento que atestaria o nascimento do novo modo de filosofar, que, no entanto, não seria exclusivo de seu fundador. Deve-se notar que o intuito de Fichte nesta *Resenha de enesidemo* não é tanto o de estudar as obras dos autores — Kant, Reinhold, Schulze —, mas antes o de descobrir nos textos a filosofia que progride por meio deles e que está também para além deles. Com isso se quer simplesmente indicar o fato de que para Fichte e Schelling não se trata de compreender Kant como autor canônico a ser conhecido por seu valor histórico e cultural. Traçar a linha do progresso da filosofia significa para eles descobrir o caminho percorrido pelo pensamento até chegar ao ponto em que eles mesmos se encontram.

Como dito acima, de acordo com Schulze, a proposição da consciência não seria uma proposição absolutamente primeira, porque enquanto proposição e juízo estaria sob a regra mais alta do julgar, o princípio de não-contradição. No entanto, o princípio de não-contradição não seria uma proposição por meio da qual ela seria determinada, mas, de acordo com Reinhold, uma lei a que não poderia se opor. Assim, esta lei não teria validade real, mas apenas validade formal ou lógica. Pois não se poderia pensar sobre as leis do pensar senão de acordo com estas leis. A reflexão sobre a proposição da consciência está sob a forma da lógica do princípio de não-contradição, que, porém, não a determina; mas a matéria desse princípio não seria determinada por ele. Mas ela também teria uma validade real, na mente (Gemüt) deve haver, de acordo com Schulze, algo que justifique um fato.

* * *

[36] Ibid., p. 30.

É dessa discussão que Schelling participa quando, em seu primeiro escrito, tenta encontrar o fundamento único da filosofia que contivesse tanto o princípio da forma quanto do conteúdo do saber.

Schelling afirma que nada é mais complicado na *Crítica da razão pura* do que "a tentativa de fundamentar uma forma de toda a filosofia" sem que para isso se assuma "um princípio" em que "não se fundamentasse apenas a forma originária [Urform] [...], mas também a necessária conexão [Zusammenhang] entre ela e toda as formas particulares que dela dependem". Esta carência da filosofia kantiana teria se tornado mais clara para ele por meio da leitura de escritos publicados pelos opositores de Kant, entre os quais se destaca Schulze, a quem Schelling se refere como *Enesidemo*. Para ele, a crítica dirigida por esse "cético" à filosofia kantiana seria a mais difícil de responder e a mais importante entre todas as que até então haviam sido feitas. Schelling, no entanto, acredita que essa dificuldade será superada tão logo se encontre o fundamento mais profundo da filosofia, imune às objeções do ceticismo.

Em sua crítica da razão, Kant teria procurado responder às questões sobre a possibilidade da forma e do conteúdo de uma filosofia em geral sem conduzir a investigação até "um último princípio de toda forma". Para Schelling, trata-se de preparar o caminho para o estabelecimento de "uma filosofia universalmente válida".

Enquanto ciência, a filosofia tem "um conteúdo determinado sob uma forma determinada". Para Schelling, a vinculação entre o conteúdo da filosofia e a forma sistemática não é arbitrária, pois o princípio da necessária vinculação entre forma e conteúdo da filosofia repousa no espírito humano. Para que seja ciência, a filosofia deve ter seu conteúdo sob a forma da unidade sistemática, o que se torna possível quando todas as suas partes se submetem a uma mesma condição, a proposição fundamental (Grundsatz) que determina todas as outras proposições (Sätze). De acordo com Schelling, "as partes da ciência chamam-se proposições".[37] A filosofia como ciência em geral deve futuramente se tornar fundamento de todas as ciências singulares e a sua proposição fundamental o fundamento mais profundo de todas as ciências. A proposição fundamental deve condicionar tanto a forma quanto o conteúdo da filosofia — é preciso, portanto, que a vinculação entre sua forma e seu conteúdo não seja ela mesma arbitrária. Ela também não pode ser condicionada por nenhuma outra ciência, uma vez que, enquanto tal, a proposição fundamental deve condicionar todas as outras, enquanto ela mesma não é condicionada por qualquer outra proposição. A filosofia em geral, da mesma maneira, deve fundamentar todas as outras ciências sem ter seu fundamento em nenhuma delas.

> Enfim, tomemos desses casos qual quisermos, se deve de fato ser uma ciência, a filosofia tem que ser condicionada por *uma proposição fundamental absoluta por excelência*, a qual precisa conter a condição de todo conteúdo e de toda forma, se deve realmente fundamentá-los.[38]

Na proposição fundamental nada pode ser pressuposto, seu fundamento deve estar todo nela e nunca em outra proposição, caso contrário ela não seria incondicionada. A relação sujeito-predicado, por exemplo, não pode ser simplesmente pressuposta, a não-ser que uma proposição contendo a forma dessa relação a anteceda. De outra maneira, a exigência por incondicionalidade não seria cumprida, uma vez que aquela proposição seria uma proposição dependente de uma anterior. Para Schelling, a saída desse "círculo mágico" só é possível com a suposição de um "princípio superior", em que forma e conteúdo se fundamentam reciprocamente. Além disso, deve ser dada na proposição fundamental a forma da vinculação entre conteúdo e forma, ou seja, "a forma do recíproco ser-determinado do conteúdo por meio da forma e da forma por

---

[37] *Über die Möglichkeit*, p. 269.
[38] Ibid., p. 273.

meio do conteúdo".[39] Por meio dele é obtido o fundamento da vinculação entre conteúdo e forma de todas as outras proposições da filosofia e também de todas as ciências. Ao se perguntar pela maneira como proceder para encontrar a proposição fundamental, Schelling conclui que deve partir daquilo que dela já sabe e que é, afinal, a sua única característica: a incondicionalidade absoluta. Uma proposição incondicionada deve ter um conteúdo também incondicionado, ou seja, que não seja condicionado pelo conteúdo de outra proposição. Segundo Schelling, isso só é possível se esse conteúdo for algo que estiver posto (*gesetzt*) originariamente.

Trata-se, para Schelling, de encontrar o *Grundsatz*, a proposição fundamental cuja descoberta proverá de fundamento o sistema a ser construído. O *Grundsatz*, como o solo que suporta um edifício, deverá estar na base de todas as proposições seguintes sem se apoiar em nenhuma delas. Schelling não se propõe ainda a construir o sistema, não pretendendo mais do que preparar o terreno para trabalhos futuros. Pouco comentado, *Sobre a possibilidade* é um texto importante para o estudo da primeira filosofia de Schelling, que, se não traça uma linha reta até a publicação de *O sistema do idealismo transcendental*, em 1800, tem na questão da forma da filosofia — a sistemática — um determinante não apenas da estrutura, mas também do conteúdo mesmo de um pensamento filosófico que, pela reflexão, torna-se objeto da própria ação de pensar. Ao mesmo tempo que constrói um sistema filosófico, Schelling reflete sobre a possibilidade de construí-lo, com que a distinção entre conteúdo e forma da filosofia começa a se desfazer, ao menos no plano da exposição.

* * *

A presença de Jacobi se torna mais marcante em *Sobre o eu como princípio da filosofia*, em que Schelling assume o ponto de vista de Jacobi segundo o qual não haveria lugar para as chamadas

[39] Ibid., p. 277.

coisas em si no sistema da filosofia crítica. Com Jacobi também entra na discussão um filósofo aparentemente distante, Espinosa. No prefácio de *Sobre o eu*, Schelling afirma que pretende oferecer uma contraparte à ética de Espinosa. Jacobi é a ponte que une o idealismo pós-kantiano ao espinozismo.

A filosofia de Espinosa era normalmente reduzida a uma defesa do ateísmo. Por isso, Jacobi casou polêmica ao afirmar que Lessing teria se declarado espinozista. Schelling toma o espinozismo não como uma negação da existência de Deus, mas como um argumento forte contra a concepção personalista de Deus, que tem seu lugar na discussão sobre a filosofia como sistema na medida em que é tomado pelo dogmatismo como fundamento e princípio da totalidade do mundo organizado como conjunto interdependente em cuja base está um princípio incondicionado. Para o dogmatismo, Deus, como criador do mundo e como causa de si mesmo, seria o último de que tudo depende. O pensamento humano exige que tudo tenha uma causa que determine a sua existência. Esta exigência, contudo, o coloca diante do problema de ter de chegar ao último ponto em que se encontre algo que seja a sua própria causa — que tenha, portanto, causalidade absoluta.

Este algo incondicionado é o conteúdo de onde a filosofia que pretende ser consequente em relação à tarefa de se tornar ciência completa tem de partir. Como dito anteriormente, o sistema da filosofia é constituído de proposições e a proposição que expressa este conteúdo inicial é a proposição fundamental. Esta proposição, contudo, deve conter em si também o princípio de sua forma. Para Schelling a proposição fundamental diz que o eu é igual ao eu. Ainda em *Sobre a possibilidade*, Schelling escreve:

> Porque o eu é posto por excelência, o seu ser-posto não é determinado por nada fora dele, ele põe a si mesmo (mediante causalidade absoluta), ele é posto não porque é posto, mas porque é ele próprio o ponente.[40]

---

[40] *Über die Möglichkeit*, p. 280.

O eu que põe a si mesmo é o conteúdo da proposição fundamental ao mesmo tempo que lhe dá a forma (identidade) ao se pôr como igual a si mesmo. Esta proposição, no entanto, não deve ser apenas fundamento da filosofia teórica, mas também da prática. O eu absoluto que se põe como igual a si mesmo não tem deveres, ele já é, não deve se tornar algo. Schelling estabelece uma distinção entre eu absoluto e eu empírico. Enquanto a filosofia teórica se ocuparia da questão da possibilidade do conhecimento, a filosofia prática trataria fundamentalmente da mediação entre eu absoluto e eu empírico. Filosofia prática é ética e a ética de Schelling propõe que o eu empírico, ou seja, o eu de cada um, se esforce infinitamente para produzir em si os atributos do eu absoluto. Embora nunca se possa chegar ao absoluto, sempre se pode aproximar mais dele.

O eu absoluto contém em si toda realidade e fora dele não há realidade alguma. A determinação de sua realidade é a incondicionalidade, ou seja, não há nada fora dele que o condicione, uma vez que toda realidade está nele mesmo.

> Mas se produzes toda verdade graças a ti mesmo, se o último ponto de que depende toda realidade é o eu, e este só é por meio de si mesmo e para si mesmo, então toda verdade e toda realidade é imediatamente presente para ti. Descreves, ao pôr a ti mesmo como eu, ao mesmo tempo toda a esfera da verdade, da verdade que é verdade por meio de ti e para ti. Tudo é apenas no eu e para o eu. No eu a filosofia achou o seu *Hen kai pan*, pelo qual lutar como a mais elevada recompensa da vitória.[41]

O eu empírico, condicionado por uma realidade fora de si mesmo, deve se elevar por meio da intuição intelectual e se tornar incondicionado. Ao intuir a si mesmo, o eu empírico encontra o princípio de que tudo depende e toda a realidade se torna imediatamente presente para ele. Com a intuição intelectual, suprime-se a cisão entre sujeito e objeto, uma vez que o que intui e o intuído

---

[41] Vom Ich, p. 117.

são o mesmo. O eu empírico ao intuir a si mesmo intelectualmente se aproxima do absoluto.

> O eu absoluto exige por excelência que o eu finito se torne igual a ele, ou seja, que ele aniquile em si toda multiplicidade e mudança. O que é lei moral para um eu finito, limitado por um não-eu, é lei natural para o infinito, ou seja, é ao mesmo tempo dado com seu ser simples e também nele.[42]

O absoluto é o que é, o empírico deve se esforçar infinitamente para se tornar mais próximo do absoluto. Como o absoluto é infinito, a tarefa do eu empírico nunca encontra um fim. Aquilo que é natural ao absoluto se torna uma lei moral para o empírico.

> Este conflito entre a lei moral e lei natural da finitude só pode ser mediado por um novo esquema, o da produção no tempo, de maneira que aquela lei, que se refere a uma exigência do ser, se torna uma exigência do vir a ser. A lei originária moral, expressa em toda sua apresentação sensível,[43] é então a seguinte: torna-te idêntico, eleva (no tempo) as formas subjetivas de tua essência à forma do absoluto.[44]

Essa elevação ao absoluto tem valor em si mesma, mas ainda assim é possível atribuir a ela um sentido prático. Schelling está em pleno acordo com o programa do idealismo alemão ao tratar da superação da cisão entre lei moral e natural. Ele deposita grandes esperanças na filosofia, acreditando que ela deve sair dos muros da universidade para transformar a vida. Mas não é a filosofia que deve se submeter à vida cotidiana, mas o ser humano que deve se elevar a ela. Para Schelling, o ser humano deve se tornar teoricamente bom para que possa ser bom na prática:

> [...] e a melhor preparação para um modo de agir concordante consigo mesmo é o conhecimento de que a *essência* do homem consiste da unidade e só persiste por meio da unidade; pois o homem que chegou a essa convicção também logo verá que a unidade do querer e do agir deve

---

[42] Vom Ich, p. 122.
[43] *Versinnlichung*.
[44] Vom Ich, p. 123.

lhe ser tão natural e necessária quanto a preservação de sua existência: e — para lá deve ir o homem, até onde a unidade do querer e do saber lhe seja tão natural quanto o mecanismo de seu corpo e a unidade de sua consciência.[45]

* * *

Essas palavras do prefácio ecoam o programa schilleriano para a educação da humanidade. Nesse ponto, Schelling parece ver a filosofia desempenhando a mesma função que a arte teria para Schiller. Schiller desenvolve a tese de que o homem teria abandonado a natureza, mas não teria chegado ainda ao estado da razão. Para Schiller e Schelling, o homem deve progredir a um estado em que necessidade e vontade, direito e dever, natureza e moralidade coincidam.

> Portanto, o verdadeiro objeto de todo esforço moral também pode ser representado como identificação de dever e direito. Pois se toda ação a que o ser livre tivesse, como tal, um direito fosse, ao mesmo tempo, um dever, então as suas ações livres não pressuporiam outra norma que a da lei moral. Por isso, também em especial a meta mais elevada em direção à qual a todas as constituições de Estado devem agir (as quais são fundadas sobre conceito de dever e direito) só pode ser aquela identificação dos direitos e deveres de cada indivíduo em particular; pois na medida em que cada indivíduo fosse regido apenas por leis da razão, não haveria no Estado direito algum que não fosse ao mesmo tempo um dever, pois ninguém poderia reivindicar qualquer ação que não fosse possível por meio de uma máxima universalmente válida e o indivíduo, se todos os indivíduos seguissem apenas máximas válidas universalmente, não teria diante de seus olhos mais que seu dever. Pois se todos os indivíduos cumprissem com seu dever, mais nenhum indivíduo poderia afirmar que tem um direito que não fosse realizado pelo cumprimento universal do dever.[46]

Schelling parece compartilhar da explicação schilleriana para o fracasso das tentativas de transformar o mundo através de revoluções políticas abruptas. Nas *Cartas sobre a educação estética do*

---
[45] Vom Ich, p. 81.
[46] Vom Ich, pp. 157-8.

homem, Schiller desenvolve uma tese bastante interessante sobre os resultados da Revolução Francesa. Para Schiller, a Revolução Francesa não teria dado certo porque se tentou revolucionar o sistema social sem uma preparação dos indivíduos para a liberdade. O salto do chamado estado da barbárie e da força diretamente para o estado da liberdade não poderia dar certo sem a preparação adequada dos indivíduos. Sem indivíduos interiormente livres, não seria possível estabelecer um regime fundado na liberdade.

Só haveria liberdade política, portanto, quando os seres humanos fossem capazes de reconhecer racionalmente a necessidade de suas leis, fundadas na razão. Nesse estado, haveria uma anulação da dicotomia entre necessidade e liberdade. Os homens não mais obedeceriam a arbitrariedade do soberano que se impõe mediante a força, mas sim a leis nas quais reconhece aquilo que a sua própria razão lhe revelou como bom ou moral.

Para Schiller, a revolução francesa não deu certo e resultou no terror não por pretender um fim falso, mas por não ter considerado os meios para atingir esse fim. Vivendo distante da liberdade, sem fazer pleno uso de suas capacidades intelectuais, o homem moderno não estaria preparado para saltar diretamente do estado da barbárie para o estado da liberdade. De acordo com Schiller, o homem moderno se encontra em um estado intermediário entre o estado da natureza e o estado da liberdade, o estado da barbárie.

O estado da barbárie seria caracterizado pelo fato de que nele o homem já não segue mais intuitivamente leis naturais, as quais desconhece e sobre as quais não reflete. No estado da natureza, o homem estaria em paz consigo mesmo porque para ele não haveria uma cisão entre realidade e idealidade, necessidade e realidade, dever e vontade. Vivendo na natureza, o homem seguiria leis desconhecidas que não lhe causavam violência, mas que lhe eram naturais. Imerso na cultura, no entanto, e sob o arbítrio de um estado político que não reconhece como bom, o homem se encontra em conflito. Ele reconhece uma cisão entre o estado de fato e o estado ideal. Desse reconhecimento surge uma aspiração por transformação, por aprimoramento, que talvez estivesse, por exemplo, na base da revolução. Mas a humanidade como um todo não estaria pronta para uma transformação radical, porque não seria possível saltar diretamente do estado da necessidade e da submissão para a liberdade. Schiller afirma que para caminhar para a razão, a humanidade precisa de uma ponte sobre a qual possa caminhar, para que não caia mais profundamente no abismo da violência e da brutalidade.

Schelling ainda não trata da arte nos primeiros escritos, mas logo passará a atribuir a ela um papel fundamental para o aperfeiçoamento da humanidade. Tanto em *Sobre a possibilidade* quanto em *Sobre o eu*, esse papel é da filosofia, que, contudo, não é concebida como oposta à arte. Em grande medida, Schelling se utiliza de critérios semelhantes aos da crítica de arte para tratar do juízo da obra filosófica. Assim, o leitor deve prestar atenção à obra como uma totalidade, unicamente em referência à qual as partes podem ser interpretadas. Como na arte e na literatura, cada parte só faz sentido se referida à ideia por trás do todo, a que Schelling chama de espírito. Ter acesso ao espírito da obra, contudo, não é algo a que o filósofo possa forçar o leitor. É necessário que haja nele uma predisposição para isso, que ele seja capaz de pensar livremente e reconhecer a si mesmo como livre. Schelling pretende expor a filosofia crítica segundo seu espírito, depurando-a das contingências da letra do kantismo. O filósofo-escritor, ao conceber sua obra, é guiado pela ideia do todo e refere cada parte à totalidade. Contudo, por mais bem acabado e elaborado que seja o seu trabalho, ele não pode esperar que o registro escrito por si só transmita a filosofia integralmente. O filósofo-escritor depende do leitor. E na filosofia vale o mesmo que na arte, pois "quem, portanto, não se eleva a Ideia do todo, é totalmente incapaz de julgar uma obra".[47]

---

[47] Filosofia da Arte, p. 22.

Faz parte, portanto, até mesmo da formação social universal — já que em geral não há um estudo mais social que o da arte — ter ciência da arte, ter cultivado em si a capacidade de aprender a Ideia ou o todo, assim como as referências recíprocas das partes umas às outras e ao todo e, inversamente, do todo às partes.[48]

Para Schelling, portanto, ao mesmo tempo que têm autonomia e valor em si mesmas, a arte e a filosofia podem, em virtude de seu caráter autônomo e livre, desempenhar um papel na sociedade que é só delas, a saber, o de formar o homem para a liberdade. Quem não é interiormente livre, não está pronto para ser livre exteriormente. Ainda que nunca possa produzir em si o absoluto por completo, o indivíduo é capaz de pensá-lo e regular suas ações por sua ideia. Nesse sentido, a educação estética é uma tarefa infinita na busca eterna pela liberdade.[49]

---

[48] Ibid., p. 23.
[49] "A educação estética é a tarefa suprema do homem e, embora factível, não pode ser inteiramente realizada. Eis aí, de modo sucinto, o resultado paradoxal a que chega a concepção schilleriana do aprimoramento do homem por meio do belo e da arte. A humanidade jamais será plenamente emancipada, mas o indivíduo que se cultiva e enobrece moralmente não renuncia à esperança de um dia vir a ser livre. Ao menos em indivíduos isolados, capazes de ações morais justas ou de juízos estéticos desinteressados, a humanidade caminha rumo ao cumprimento de sua missão mais importante e elevada." SUZUKI, M. In: SCHILLER. *Poesia ingênua e sentimental*. São Paulo: Iluminuras, 1995, p. 11.

BIBLIOGRAFIA

AMORA, K.(Org.). *A dialética do eu e não-eu em Fichte e Schelling*. Fortaleza: Edições UFC, 2007.

BARBOZA, J. *Infinitude subjetiva e estética. Natureza e arte em Schelling e Schopenhauer.* São Paulo: Unesp, 2003.

BOENKE, M. (Org.). *Schelling*. Munique: Eugen Diederichs Verlag, 1995.

CAYGILL, H. *Dicionário Kant*. Rio de Janeiro: Jorge Zahar, 2000.

COURTINE, J. *A tragédia e o tempo da história*. São Paulo: Editora 34, 2006.

FICHTE, G. *Escritos filosóficos*. São Paulo: Abril Cultural, 1973. (Coleção Pensadores, v. XXVI)

FIGUEIREDO, V. *Kant e a crítica da razão pura*. Rio de Janeiro: Jorge Zahar, 2005

FRANK, M. *Eine Einführung in Schellings Philosophie*. Frankfurt am Main, Suhrkamp, 1995.

FRANK, M. (Org.). *Materialien zu Schellings Philosophischen Anfängen*. Frankfurt am Main: Suhrkamp, 1975.

GIL, F. (Org.). *Recepção da crítica da razão pura. Antologia de escritos sobre Kant (1786-1844)*. Lisboa: Fundação Calouste Gulbenkian, 1992.

HARTMANN, N. *A filosofia do idealismo alemão*. Lisboa: Fundação Calouste Gulbenkian, s/d.

JASPERS, K. *Schelling. Größe und Verhängnis*. Munique: R. Piper & Co. Verlag, 1955.

KANT, I. *A crítica da razão pura*. Lisboa: Fundação Calouste Gulbenkian, 2001.

KIRCHNER, F. e MICHAËLIS, C. *Wörterbuch der Philosophischen Grundbegriffe*. In: Digitale Bibliothek Band 3: Gechichte der Philosophie (CD-ROM).

KNITTERMEYER, H. *Schelling und die Romantische Schule*. Munique: Verlag Ernst Reinhardt, 1929.

MAUTHNER, F. *Wörterbuch der Philosophie*. In: Digitale Bibliothek Band 3: Gechichte der Philosophie (CD-ROM).

PUENTE, F. (Org.) *As filosofias de Schelling*. Belo Horizonte: UFMG, 2005.

SCHELLING, F. *Escritos filosóficos*. São Paulo: Abril Cultural, 1973. (Coleção Pensadores, v. XXVI)

──────. *Historisch-Kritische Ausgabe. Werke 1*. Stuttgart: Frommann--Holzboog, 1976.

──────. *Sämmtliche Werke*. Cotta 1856-1861.

──────. *Filosofia da arte*. São Paulo: Edusp, 2001.

SCHLEGEL, F. *O dialeto dos fragmentos*. São Paulo: Iluminuras, 1997.

SCHILLER, F. *A educação estética do homem*. São Paulo: Iluminuras, 2002.

──────. *Poesia ingênua e sentimental*. São Paulo: Iluminuras, 1995.

SPINOZA. B. *Ética*. Belo Horizonte: Autêntica, 2007.

SUZUKI, M. *O gênio romântico. Crítica e história da filosofia em Friedrich Schlegel*. São Paulo: Iluminuras, 1998.
TILLIETE, X. *L'Absolu et la philosophie. Essais sur Schelling*. Paris: Presses Universitaires de France, 1987.
TORRES FILHO, R. R. *Ensaios de filosofia ilustrada*. São Paulo: Brasiliense, 1987.
──────. *O espírito e a letra. A crítica da imaginação pura em Fichte*. São Paulo: Ática, 1975.
VIEIRA, L. A. *Schelling*. Rio de Janeiro: Zahar, 2007.

**CADASTRO
ILUMI/URAS**

Para receber informações sobre nossos lançamentos e promoções envie e-mail para:

cadastro@iluminuras.com.br

Este livro foi composto em *Times new roman* pela *Iluminuras* e terminou de ser impresso nas oficinas da *Meta Brasil Gráfica*, em Cotia, SP, sobre papel off-white 80g.